Tennis-Lehrplan 3

Zweite Auflage

Deutscher Tennis Bund

Spezialschläge

BLV Verlagsgesellschaft München Bern Wien

Bearbeitet durch die Kommission für Lehrarbeit
Deutscher Tennis Bund (DTB)
Verband Deutscher Tennislehrer (VDT)

Mitarbeiter:
Günther Bosch DTB
Wolfgang Brinker DTB
Klaus Dreibholz DTB
Detlev Irmler VDT
Richard Schönborn DTB
Wilhelm Solinger DTB

Gesamtredaktion:
Wolfgang Brinker DTB
Klaus Dreibholz DTB

Bildnachweis:
Alle Fotos und Bildreihen blv Archiv sport
(Foto Jürgen Kemmler, München)
außer:
R. Buchwald, Hannover, S. 14, 15
Central Press Photos, S. 41
A. B. Coll, S. 45, 84, 85
M. Mühlberger, S. 7
Zeichnungen: Hellmut Hoffmann

CIP-Kurztitelaufnahme der Deutschen Bibliothek

Tennis-Lehrplan / Dt. Tennis Bund. Bearb. durch
d. Komm. für Lehrarbeit, Dt. Tennis Bund (DTB),
Verb. Dt. Tennislehrer (VDT). Mitarb.: Günther
Bosch . . . Gesamtred.: Wolfgang Brinker;
Klaus Dreibholz. — München, Bern, Wien:
BLV Verlagsgesellschaft.
NE: Bosch, Günther [Mitarb.]), Deutscher
Tennis Bund; Kommission für Lehrarbeit
3. Spezialschläge. — 2. Aufl. — 1977.
ISBN 3-405-11809-3

Alle Rechte der Vervielfältigung und Verbreitung
einschließlich Film, Funk und Fernsehen sowie der
Fotokopie und des auszugsweisen Nachdrucks
vorbehalten.

© BLV Verlagsgesellschaft mbH, München, 1977
Gesamtherstellung: Druckerei Ludwig Auer, Donauwörth
Printed in Germany · 1. Auflage 1976 · ISBN 3-405-11809-3

Inhalt

8 Einleitung
Inhalt und Zielrichtung 8
Methodische Hinweise 13

14 DIE SPEZIALSCHLÄGE

14 Die Griffarten
Der Vorhandgriff 14
Der Rückhandgriff (Continentalgriff) 15
Der Universalgriff (Semicontinentalgriff) 15
Drive (Treibschlag) 16
Schläge mit Vorwärtsdrall 17
Der Lift 18 — Der Topspin 22
Schläge mit Rückwärtsdrall 28
Der Slice 29 — Der Chop 33
Der Lob 37
Der Lob ohne Drall 37 — Der Lob mit Vorwärtsdrall 38 — Der Lob mit Rückwärtsdrall 38
Der Stop 41
Der Flugball (Volley) 44
Der Flugball mit Vorwärtsdrall 44 — Der Flugball-Lob 47 — Der Flugball-Stop 49
Der Halbflugball (Half-Volley) 53
Der Slice-Aufschlag 57
Der Twist-Aufschlag 60
Der Rückhand-Schmetterball 64
Die beidhändige Rückhand 68
Die Beinarbeit 75
Schlagen aus dem Stand 75 — Schlagen aus dem Laufen 77 — Schlagen von Bällen aus der Halbdistanz 80 — Schlagen von Bällen in weiter Distanz 81 — Rückkehr zum Ausgangspunkt 82 — Decken des Platzes 83 — Schlagen im Rücklaufen 84 — Schlagen eines Balles, der auf den Körper kommt 85 — Schlagen von tiefen Bällen 86 — Schlagen von hohen Bällen 87

88 Anhang
Die Spielregeln des Deutschen Tennis Bundes 88
Einzelspiel 88 — Doppelspiel 93 — Tie-Break-Regel 94

Vorwort

Im Rahmen des vom Deutschen Tennis Bund konzipierten »Tennis-Lehrplanes« erschien Anfang 1975 der Band 1 »Holzbrett-Tennis« und kurz darauf der Band 2 »Grundschläge«. Bis zur Herausgabe des Bandes 3 »Spezialschläge« im Frühjahr 1976 — also innerhalb eines Jahres — wuchs im Deutschen Tennis Bund die Zahl der Mitglieder um 100 000 auf 700 000. Mit Fug und Recht kann man hier von einem »Tennisboom« sprechen.

Unter den verschiedenen Gründen, die das Tennisspiel so anziehend machen, ragen zwei Hauptmotive eindeutig heraus:
1. Tennis hat sich als eine wirkliche »Lebenslangsportart« erwiesen,
2. Tennis macht Spaß.

Natürlich kann man schon mit den Grundschlägen ein Tennismatch bestreiten. Jeder fortgeschrittene Tennisspieler weiß aber aus Erfahrung, daß Tennis noch interessanter und variantenreicher sein kann, wenn man über ein umfangreiches Schlagrepertoire verfügt. Der satte Klang eines mit vollem Schwung an der richtigen Stelle, im richtigen Augenblick getroffenen Balles fasziniert nahezu jeden Tennisspieler und weckt bei ihm den Ehrgeiz, sein Können zu erweitern und über die Grundschläge hinaus auch andere Schläge zu erlernen.

Für diese Spieler ist der Band 3 gedacht. In ihm werden auf der Basis eigener, langjähriger Erfahrungen der Mitglieder der Kommission für Lehrarbeit im DTB/VDT und umfangreicher Beobachtungen und Recherchen im In- und Ausland die von den meisten Spitzenspielern derzeit mit Erfolg praktizierten »Spezialschläge« objektiv und verständlich dargestellt.

Darüber hinaus kann ein Tennisspieler entsprechend seiner Veranlagung sein Schlagrepertoire variieren und seinen individuellen Stil, d. h. seine eigene »Tennishandschrift« entwickeln.

Möge der Band 3 »Spezialschläge« die gleich gute Aufnahme finden, wie die Bände 1 und 2 des »Tennis-Lehrplans«. Dem Verlag und allen Mitarbeitern der Kommission für Lehrarbeit im DTB/VDT spreche ich für die sorgfältige Gestaltung dieses Bandes Dank und Anerkennung aus.

Walther Rosenthal
Präsident des Deutschen Tennis Bundes e. V.

Bild Seite 7:
Björn Borg, heute einer der populärsten Tennisspieler der Welt.

Einleitung

Inhalt und Zielrichtung

Mit dem Band 2 wurde den Tennis-Interessenten ein Lehrbuch in die Hand gegeben, mit dem sie die Technik der sog. Grundschläge des Tennisspiels erlernen bzw. verbessern können. Man versteht unter den »Grundschlägen« eine einfache Schlagtechnik ohne technische Raffinessen.

Spieler, die aber im Tennis weiterkommen wollen, müssen ihr Schlagrepertoir über die Grundschläge hinaus erweitern, damit sie in jeder Situation den richtigen Schlag anwenden können. Im Band 3 werden daher als »Spezialschläge« die zur Zeit am meisten angewendeten Varianten der Grundschläge optimal demonstriert und gelehrt.

Individuelle Abweichungen, die auf psycho-physischen Eigenschaften beruhen, und die die Technik nicht negativ beeinflussen, sind als individuelle Entwicklung und daher als persönlicher Stil zu betrachten. Die Spezialschläge bauen technisch und methodisch auf den Grundschlägen auf. Das Beherrschen der Spezialschläge bereichert das Spiel um technische und taktische Varianten. Erst wer harte Drives, sichere Topspins, präzise Slices, wirkungsvolle Twist- und Sliceaufschläge, gefühlvolle Lobs und Stops schlagen kann, und wer in jeder Situation die richtige Beinarbeit beherrscht, wird auch im Wettkampf Erfolg haben.

Karl Meiler, einer der erfolgreichsten deutschen Tennisspieler

Begriffserklärungen

Schläger
Schnitt durch den Schlägergriff

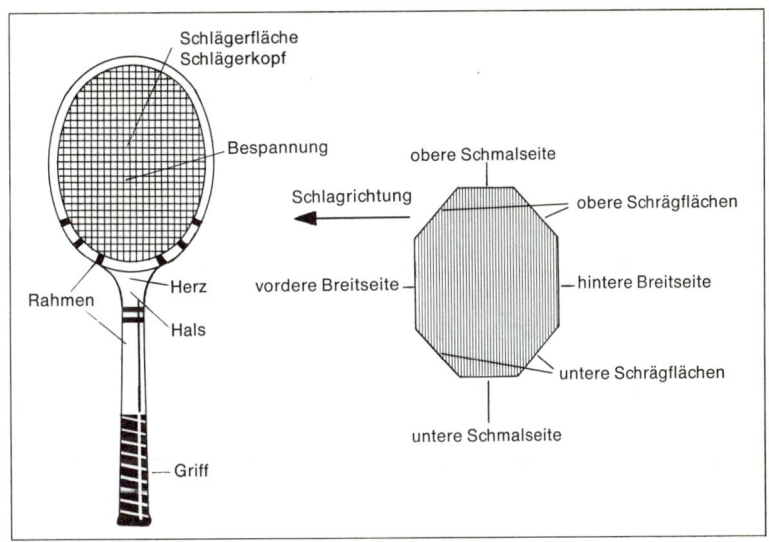

Schlägerstellungen

Senkrechte Schlägerstellung:
Schlägerfläche steht senkrecht zum Boden.

1. *Geöffnete Schlägerstellung:*
Die Schlägerfläche ist bezogen auf die Schlagrichtung mit der oberen Rahmenkante nach hinten geneigt.

2. *Geschlossene Schlägerstellung*
Die Schlägerfläche ist bezogen auf die Schlagrichtung mit der oberen Rahmenkante nach vorne geneigt.

Einleitung

Hand und Handgelenk

Daumenballen:
Der Teil des Handballens unterhalb des Daumens.
Kleinfingerballen:
Der Teil des Handballens unterhalb des kleinen Fingers.

Kleinfingerballen

Daumenballen

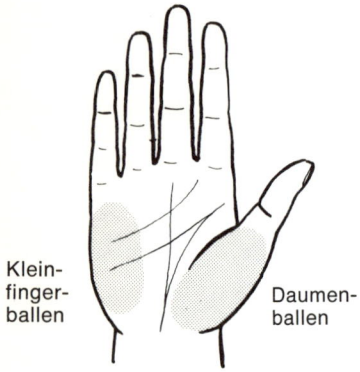

1. Langgriff:
Man legt die Finger bei entspannter Muskulatur schräg nach vorn um den Griff.

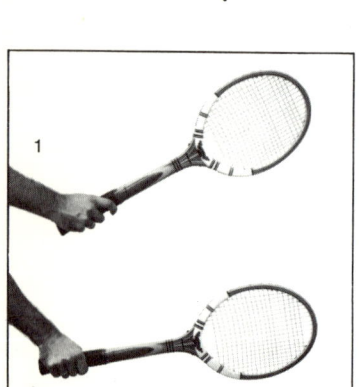

2. Kurzgriff:
Die Finger liegen senkrecht zur Griffachse auf dem Griff.

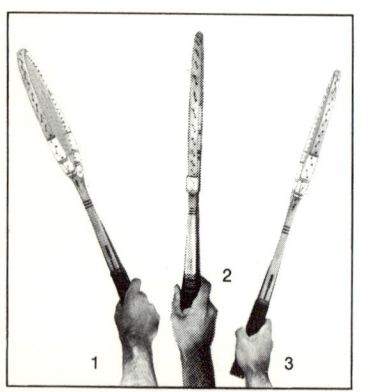

1. Geschlossenes (gebeugtes) Handgelenk:
Gegenüber der Mittelstellung ist das Handgelenk handflächenwärts gebeugt.

2. Mittelstellung des Handgelenks

3. Geöffnetes (gestrecktes) Handgelenk:
Gegenüber der Mittelstellung ist das Handgelenk handrückenwärts gebeugt.

»Ausgangsstellung«
Der Spieler steht in leichter Grätschstellung frontal zur Schlagrichtung. Der Oberkörper ist etwas nach vorn geneigt, die Beine sind in den Knien ein wenig gebeugt. Die Füße stehen parallel. Das Körpergewicht ruht mehr auf den Fußballen als auf den Fersen. Die Hände befinden sich ungefähr in Hüfthöhe, die rechte Hand hält den Schläger mit senkrecht stehender Schlagfläche vor dem Körper. Der Schläger liegt mit der Unterkante lose in der linken Hand.

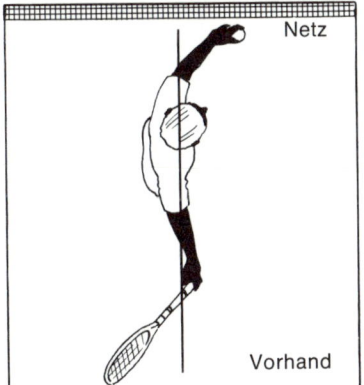

Vorhand

Vorhandstellung
Die Stellung beim Vorhandschlag:
Rechte Seitstellung, linke Schulter zum Netz.

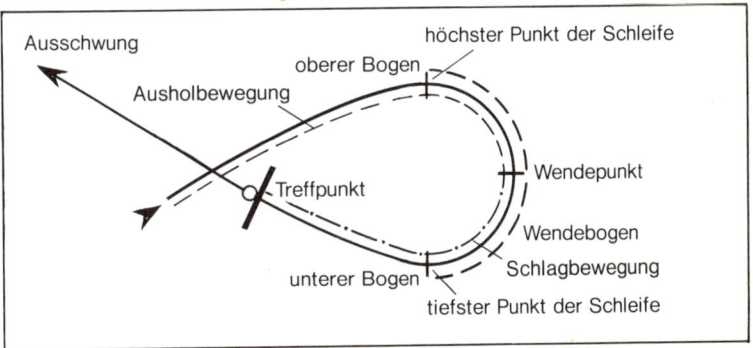

Die gesamte Schleife der Schlägerführung

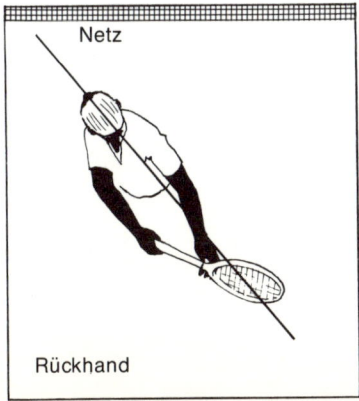

Rückhand

Rückhandstellung
Die Stellung beim Rückhandschlag:
Linke Seitstellung, rechte Rückenhälfte zum Netz.

Einleitung

Drall (Rotation des Balles)
Viele Spezialschläge sind dadurch gekennzeichnet, daß man dem Ball beim Treffen eine Eigenrotation vermittelt. Verglichen mit einem Schlag, bei dem der Ball keine Rotation erhält, ändern sich dadurch die Form der Flugkurve, der Auf- und Absprungwinkel sowie die Geschwindigkeit des Balles. Diese Faktoren bestimmen auch die taktische Anwendung der Spezialschläge.
Wird der Ball bei entsprechender Schlägerführung von unten nach oben getroffen, so spricht man von einem Schlag mit »Vorwärtsdrall«. Wird der Ball von oben nach unten bei entsprechender Schlägerführung getroffen, so spricht man von einem Schlag mit »Rückwärtsdrall«.
Die Auswirkungen und Anwendungen des Dralls werden bei den einzelnen Schlägen beschrieben.

Topspin-Schlag mit Vorwärtsdrall

Slice-Schlag mit Rückwärtsdrall

Methodische Hinweise

Das vorliegende Buch bemüht sich um ein Lernprogramm, das nach dem methodischen Prinzip »vom Leichten zum Schweren« aufgebaut ist.

Der Lernprozeß wird durch Bewegungsaufgaben eingeleitet. Er vollzieht sich durch vorbereitende Übungen, Vor- und Zielübungen. Eine abschließende Kontrolle überprüft den Lernerfolg. Es werden häufige Fehler genannt und ihre Korrekturen beschrieben.

Ein Tennisunterricht sollte möglichst abwechslungsreich sein. Die Übungsformen dürfen nicht zu lange ausgedehnt werden. Die neuerlernten Spezialschläge sollten bald in Spiel- und Wettkampfformen angewendet werden.

Das Lern- und Leistungsvermögen bestimmen Anzahl und Dauer der einzelnen Übungen. Die in diesem Band beschriebenen Übungen stellen eine Auswahl eines in der Praxis erprobten Lernprogrammes dar. Es wird empfohlen, die Vor- und Rückhand parallel zu lehren und zu lernen. In das Tennistraining gehören außer den beschriebenen schlagspezifischen auch regelmäßige Übungen zur Entwicklung der motorischen Grundeigenschaften: Kraft, Schnelligkeit, Ausdauer, Geschicklichkeit und Gewandtheit.

In diesem Band des Tennis-Lehrplans wird die optimale Technik der Spezialschläge dargestellt. Diese Technik beruht im wesentlichen auf den wissenschaftlichen Erkenntnissen der Biomechanik, Motorik, Physik, Anatomie u. a. sowie der Spielpraxis heutiger Weltklassespieler.

Man sollte von vornherein versuchen, sich diese Technik unter Berücksichtigung der eigenen anatomischen und physiologischen Gegebenheiten anzueignen. Auch fortgeschrittene Tennisspieler können ihre eigene Spielstärke verbessern und vervollkommnen. Bekanntlich kann man durch Zuschauen und genaues Beobachten sehr viel lernen. Deshalb sollte man jede Gelegenheit benutzen, Tennisspieler mit vorbildlicher Technik im Film, Fernsehen oder »life« zu beobachten.

> Alle Beschreibungen gelten für Rechtshänder. Bei Linkshändern ist jeweils das Wort rechts durch links und das Wort links durch rechts zu ersetzen.

Die Spezialschläge

Die Griffarten

Auch bei den Spezialschlägen ist die richtige Griffhaltung eine wichtige Voraussetzung einer optimalen Technik. Deshalb werden in der Regel die Spezialschläge auf der Vorhandseite mit dem Vorhandgriff (Easterngriff) und auf der Rückhandseite sowie beim Flugball, Aufschlag und Schmetterball mit dem Rückhandgriff (Continentalgriff) geschlagen.
Für alle Schläge ist u. U. auch der Universalgriff geeignet.

Der Vorhandgriff (Easterngriff)

Der größte Teil der Innenfläche der rechten Hand liegt bei senkrecht gestellter Schlägerfläche an der hinteren Breitseite, ein Teil auf der oberen Schrägfläche des Griffes. Man legt die Finger bei entspannter Muskulatur schräg nach vorn um den Griff (sog. Langgriff). Das Ende des Griffes schließt mit dem Handballen ab, der Zeigefinger ist leicht abgespreizt, der Daumen liegt auf der vorderen Breitseite und berührt den Mittelfinger.
Zwischen Schlägerhals und Unterarm entsteht von oben auf der Seite des Handrückens und von der Seite betrachtet je ein stumpfer Winkel. Das Handgelenk ist leicht geöffnet.

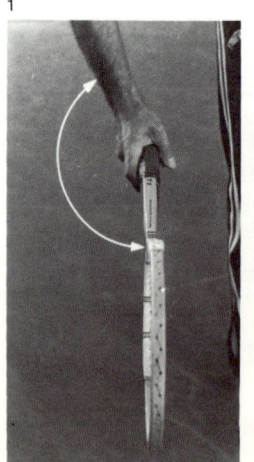

1

2

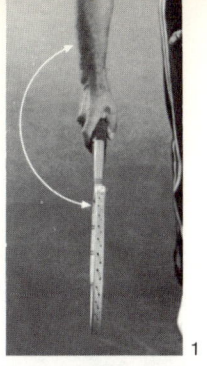

Der Rückhandgriff (Continentalgriff)

Die linke Hand hält den Schläger am Schlägerhals. Die Innenfläche der rechten Hand liegt bei senkrecht gestellter Schlägerfläche auf der oberen Schmalseite des Griffes. Das Ende des Griffes schließt mit dem Handballen ab. Der kleine Finger, der Ringfinger und der Mittelfinger liegen zusammen an der unteren Schrägfläche und der unteren Schmalseite; der Zeigefinger ist leicht abgespreizt und liegt an der rechten Breitseite des Griffes. Der Daumen liegt schräg auf der linken Breitseite des Griffes und berührt den Mittelfinger.
Von oben aus gesehen (1) ist bei dieser Griffhaltung der Schläger eine gerade Verlängerung von Unterarm und Hand. Von der Seite aus gesehen (2) bilden Schläger und Unterarm einen stumpfen Winkel.

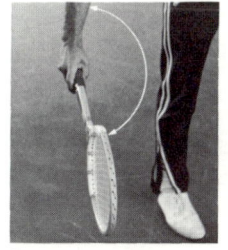

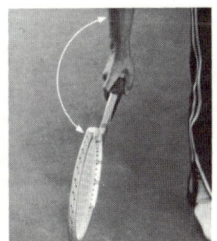

Der Universalgriff (Semicontinentalgriff)

Der Universalgriff liegt zwischen dem Vorhand- und dem Rückhandgriff. Von oben aus gesehen bildet der Schlägerhals mit dem Unterarm auf der Seite des Handrückens einen kleinen Winkel, den man bei der Rückhand durch ein Schließen des Handgelenks (2) verkleinern und bei der Vorhand durch leichtes Öffnen (3) vergrößern kann. Bei dieser Schlägerhaltung ist das Umgreifen minimal (nur mit dem Handballen (1/4), in einzelnen Situationen entfällt es sogar. Diese Schlägerhaltung erfordert ein kräftiges Handgelenk.

8 7 6 5 4 3 2 1

M. Navratilova — eine der besten
Tennisspielerinnen der Welt beim
Drive.

Drive (Treibschlag)

Wird bei Vor- und Rückhand der Ball mit großer Geschwindigkeit gespielt und wird der Schläger weit in Schlagrichtung durchgeschwungen, so nennt man diesen Schlag Drive (Treibschlag). Gewöhnlich wird er ohne bewußten Drall als sog. »Gerader Schlag« ausgeführt (ausf. Beschreibung s. Bd. 2), wobei der Ball die größte Geschwindigkeit erreicht. Er kann aber auch mit einem minimalen Vorwärts-, Rückwärts- oder Seitendrall geschlagen werden, ohne daß man ihn bereits als Lift oder Slice bezeichnet. Der Drive ist ein ausgesprochener Angriffsschlag, besonders wenn er aus dem Mittelfeld gespielt wird. Er eignet sich ebenfalls als Passierball oder zur direkten Erzielung eines Punktes.

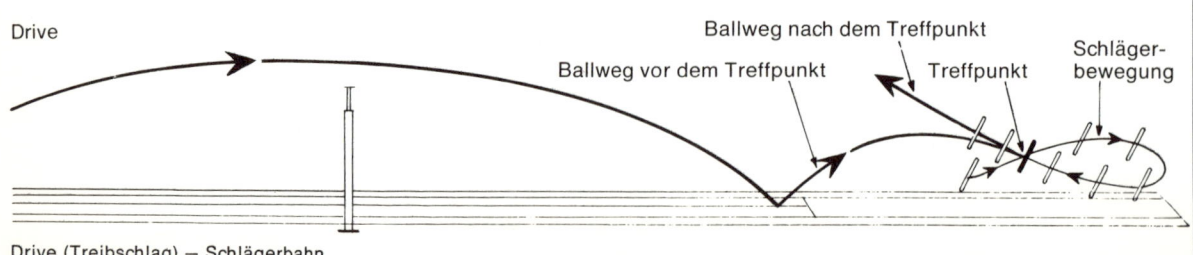

Drive (Treibschlag) — Schlägerbahn

▶ 1 2 3 4 5 6 7 8

J. Kodes — Wimbledon-Sieger 1974 demonstriert den Rückhand-Drive.

Schläge mit Vorwärtsdrall

Der Vorwärtsdrall wird durch ein Führen der Schlägerfläche von hinten-unten vorwärts-aufwärts und durch ein beschleunigtes Hochreißen der Schlägerspitze während der Schlagbewegung erzielt.
Der Schlag mit Vorwärtsdrall gewinnt im modernen Tennis immer mehr an Bedeutung. Er ist vorwiegend ein Angriffsschlag, kann aber auch aus der Verteidigung als Passierball angewendet werden. Durch unterschiedliche Stärke des Dralles kann man die Geschwindigkeit, die Höhe, die Länge und den Absprungwinkel des Balles weitgehend ändern.
Man unterscheidet zwei Arten von Schlägen mit Vorwärtsdrall: *Lift* und *Topspin*.

1 2 3 4

U. Pinner spielt seinen typischen Rückhand-Lift. Besonders seine vorbildliche Seitstellung nach dem Treffpunkt ist zu betonen (Bilder 6–8), die linke Schulter zeigt nach hinten.

Der Lift

Der Lift ist ein Schlag mit geringem Vorwärtsdrall.

Die Griffhaltung

Für den Vorhandlift wird der Vorhandgriff und für den Rückhandlift der Rückhandgriff angewendet (s. Seite 14/15).

Die Ausgangsstellung

Die Ausgangsstellung (s. Seite 11).

Die Aushol-, Schlag- und Ausschwungbewegung

Die richtige Technik

Die Ausholbewegung beim Lift entspricht im Bewegungsablauf und Timing (Rhythmus) bis zum Wendepunkt der Schleife der des Grundschlages. Mit Beginn der Ausholbewegung werden die Knie mehr gebeugt als beim Grundschlag.

Am Ende der Ausholbewegung werden der Unterarm und das Handgelenk so weit gesenkt, daß der Schlägerkopf unter den voraussichtlichen Treffpunkt des Balles kommt. Bei der Vorhand wird das Handgelenk geöffnet, bei der Rückhand geschlossen.

Vom tiefsten Punkt der Schleife wird der Schläger von unten vorwärts-aufwärts in Schlagrichtung gegen den Ball gebracht, wobei sich die Beine in den Knien strecken.

5 6 7 8

Der Treffpunkt liegt beim Lift bei der Vorhand vor der linken, bei der Rückhand ebenso wie bei einem Grundschlag weiter in Schlagrichtung vor der rechten Hüfte. Die Ausschwungbewegung verläuft steiler und endet höher als bei einem Grundschlag.
Im übrigen gleichen die Beinarbeit, die Stellung zum Ball und die Gewichtsverlagerung denen der entsprechenden Grundschläge.
Beim Rückhandlift ist die seitliche Körperstellung während des gesamten Bewegungsablaufes von noch größerer Bedeutung als beim Grundschlag, da die Gefahr der Rotation des Körpers bei diesem Schlag noch größer ist.
Die Skizze zeigt den steileren Ausschwung beim Lift im Vergleich zum geraden Schlag.

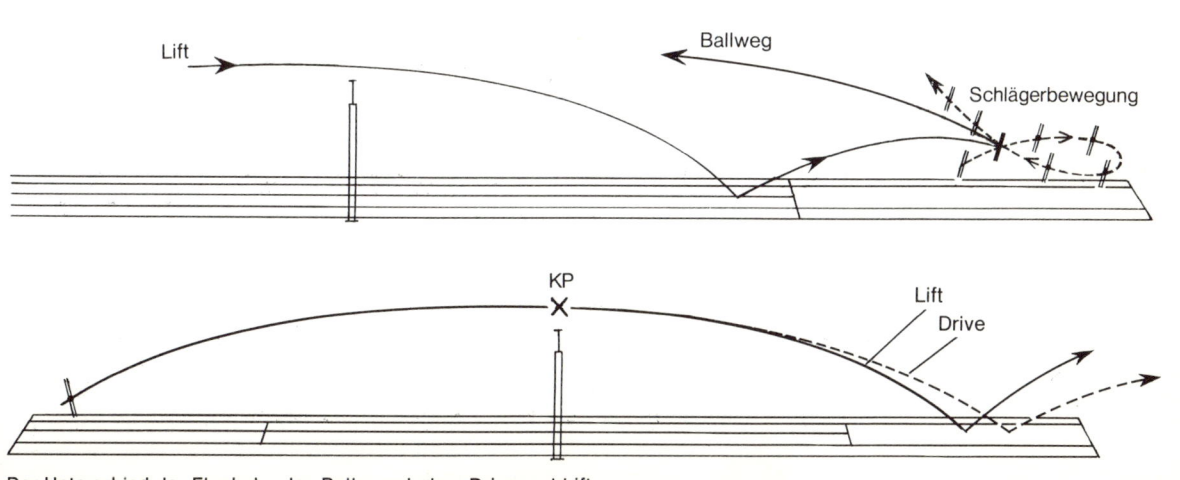

Der Unterschied der Flugbahn des Balles zwischen Drive und Lift.

Schläge mit Vorwärtsdrall

Begründung der Technik
Durch Vorwärts-Aufwärtsführen der Schlägerspitze gegen den Treffpunkt des Balles und durch Strecken der Knie wird eine Vorwärtsrotation erreicht, durch die man den Ball »unter Kontrolle« hat. Während der Anfangsphase der Schlagbewegung muß der Schlägerkopf unter den Treffpunkt des Balles geführt werden, um die beschleunigte Aufwärtsbewegung der Schlägerspitze zu ermöglichen.

Vorbereitende Übungen
- Armkreisen in beide Richtungen
- Schulterkreisen
- Achterkreisen
- Rumpfmühle
- Kreuzschlag

Vorübungen
Durchführung des Schlages nur mit Arm ohne Schläger und Ball.
Mit der Handfläche einen Reifen antreiben.
Mit dem Handrücken einen Reifen antreiben.
Einen Ball mit der Hand hochprellen, wobei dem Ball durch Einsatz des Handgelenkes eine Vorwärtsrotation gegeben wird.
Die gleiche Übung mit dem Schläger.
Der Partner (Lehrer) hält einen Schläger in Hüfthöhe mit der linken Hand vor seinem Körper, die Schlägerfläche senkrecht zum Boden. Der Übende beginnt mit der Ausholbewegung über den Schläger des Partners, macht hinter dem Schläger einen größeren Bogen nach unten und führt dann seinen Schläger unterhalb des Schlägers des Partners steil vorwärts aufwärts in die Schlagrichtung.
Die gleiche Übung, aber mit Ball.
Der Partner steht ca. 1,50 m vor dem Übenden und läßt mit gestrecktem Arm den Ball so aus der Hand fallen, daß der Übende nach der Ausholbewegung über den Schläger des Partners den Ball mit einer Schlagbewegung unterhalb dieses Schlägers als Lift wegschlagen kann.
Der Übende wirft sich den Ball selbst vor die linke bzw. vor die rechte Fußspitze und schlägt den vom Boden hochspringenden Ball weg.
Der Partner wirft dem Übenden Bälle aus kurzer Entfernung zu, die dieser nach vorne — zuerst am besten gegen die Umzäunung und später über das Netz — als Lift schlagen muß.

Der Partner wirft dem auf der Aufschlaglinie entlanglaufenden Übenden die Bälle so zu, daß dieser sie mit Vorhand- bzw. Rückhandlift
über das Netz schlagen kann.

Zielübungen
Liftschläge gegen die Wand.
Zuschlagen des Balles durch Lehrer, Partner oder Ballmaschine,
wobei die Entfernung langsam vergrößert wird.

Lernerfolgskontrolle
Überprüfung der Grobform der Bewegung anhand folgender Kon-
trollpunkte:
Wendepunkt der Schleife des Schlägers etwas hinter der Verlänge-
rung der Schulterachse.
Der tiefste Punkt der Schleife ungefähr in Kniehöhe.
Treffpunkt vor der linken Hüfte bei der Vorhand und weiter in Schlag-
richtung vor der rechten Hüfte bei der Rückhand.
Kurz vor dem Treffpunkt soll die Schlägerspitze noch tiefer als das
Handgelenk, im Treffpunkt in gleicher Höhe und kurz nach dem
Treffpunkt etwas höher als das Handgelenk liegen.
Abbrechen der Ausschwungbewegung im äußersten vorderen Punkt
und Zeigen mit der Schlägerspitze in die Richtung des Partners oder
des Lehrers. Die Schlägerspitze zeigt zwei bis drei Meter über den
Kopf des Partners.
Ende der Ausschwungbewegung in Höhe der linken Schulter bei der
Vorhand und in Schlagrichtung bei der Rückhand.
Überprüfung des Bewegungsablaufes von der Ausholbewegung in
die Schlagbewegung bis zur Ausschwungbewegung.

Häufige Fehler
- Der Schläger wird im unteren Bogen der Schleife nicht tief genug geführt.
- Das Handgelenk ist steif; es wird während der Ausholbewegung bei Vorhand nicht geöffnet bzw. bei Rückhand nicht geschlossen.
- Der Schläger befindet sich im tiefsten Punkt der Schleife in Höhe des Treffpunktes oder oberhalb des Treffpunktes.
- Die Schlägerspitze wird nicht nach oben beschleunigt.
- Der Ausschwung ist zu flach.

Schläge mit Vorwärtsdrall

- Die Knie werden in der Ausholbewegung nicht tief genug gebeugt und in der Schlagbewegung nicht gestreckt.

Außerdem können noch grundsätzliche Fehler auftreten, die den Bewegungsablauf der Grundschläge betreffen (siehe Grundschläge Band 2).

Fehlerkorrektur
- Bei fehlerhafter Schleife Korrektur durch »zwingende Situation« oder Begrenzung der Bewegung (z. B. vor eine Wand stellen, Bewegung durch Partner begrenzen lassen).
- Praktische Hilfestellung durch Führenlassen des Armes durch den Partner oder Lehrer.
- Übungen vor dem Spiegel.
- Verbale und visuelle Korrektur. Demonstration.
- Rhythmisches Lautieren: und eins — zwei — drei.
- Ausgleichsgymnastik und weitere Wiederholung von Vorübungen.

Taktische Anwendung
Durch die steile Auf- und Abstiegskurve der Flugbahn ist es möglich, einen Lift mit mehr Krafteinsatz und Zielsicherheit zu spielen als einen geraden Schlag.
Dies gilt besonders bei Schlägen, deren Treffpunkte unterhalb der Netzhöhe liegen.
Der Lift eignet sich als Angriffs- und Passierball, sowohl aus der Mitte des Feldes als auch von der Grundlinie.

Der Topspin

Der Topspin ist ein Schlag mit maximalem Vorwärtsdrall.

Die Griffhaltung

Für den Vorhand-Topspin wird der Vorhandgriff und für den Rückhand-Topspin der Rückhandgriff angewendet (s. Seite 14/15).

Die Ausgangsstellung

Die Ausgangsstellung (s. Seite 11).

Die Aushol-, Schlag- und Ausschwungbewegung

Die richtige Technik
Es gibt zwei Arten der Durchführung des Topspins:
a) mit Ausschwung über die rechte Schulter bzw. über den Kopf.
b) bei der Vorhand mit Kippen des Schlägers und Ausschwung zum Ellenbogen des linken Armes; bei der Rückhand mit Kippen des Schlägers und Öffnen des Handgelenkes sowie Ausschwung in Schlagrichtung schräg vorwärts aufwärts.

Zu a) Die Ausholbewegung gleicht der des Lifts; lediglich ist der Beginn der Ausholbewegung verspätet und der obere Bogen der Schleife kann höher durchgeführt werden.
Der untere Bogen wird tiefer durchgezogen als beim Lift. Das Handgelenk öffnet sich extrem und die Hand senkt sich in dieser Phase

Tief gespielter ausgelaufener Vorhand-Topspin mit Ausschwung über die rechte Schulter (S. Smith). Der Treffpunkt liegt vor der rechten Hüfte (Bild 5), die Ellenbogenspitze zeigt während des ganzen Schlages nach unten (Bilder 3—10).

▶▶ 1　　　2　　　3　　　4　　　5　　　6　　　7 8

Der Linkshänder G. Vilas beim gekippten Vorhand-Topspin. Auf den Bildern 2–4 ist das weit geöffnete und auf dem Bild 4 das gesenkte Handgelenk vor dem Treffpunkt zu erkennen. Die Bilder 4–6 zeigen deutlich das schnelle Beschleunigen der Schlägerspitze aufwärts.

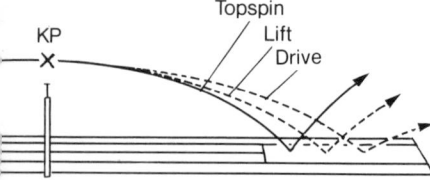

Der Unterschied der Flugbahnen zwischen Drive, Lift und Topspin.

U. Pinner bei einem hoch getroffenen gekippten Vorhand-Topspin. Der Ausschwung geht zum Ellenbogen der linken Hand, der Körper rotiert in die frontale Stellung.

bei Vorhand und schließt sich bei gleichzeitigem Senken der Hand bei der Rückhand. Man muß noch mehr in die Knie gehen als beim Lift.

Vom tiefsten Punkt des unteren Bogens wird die Schlägerfläche mit der Schlägerspitze voran maximal beschleunigt und fast senkrecht vorwärts hochgerissen.

Der Treffpunkt bei Vorhand und Rückhand liegt wie beim Lift.

Das Handgelenk kehrt während der Schlagbewegung vom tiefsten Punkt der Schleife bis zum Treffpunkt in seine normale Lage zurück; die Beine strecken sich in den Knien. Die Ellenbogenspitze bleibt während des gesamten Bewegungsablaufes nach unten gerichtet. Bei der Rückhand muß die seitliche Stellung des Körpers unbedingt beibehalten werden.

Der Schläger wird so ausgeschwungen, daß das Ende der Ausschwungbewegung bei Vor- und Rückhand über der rechten Schulter bzw. über dem Kopf liegt.

1 2　　　3　　　4　　　5

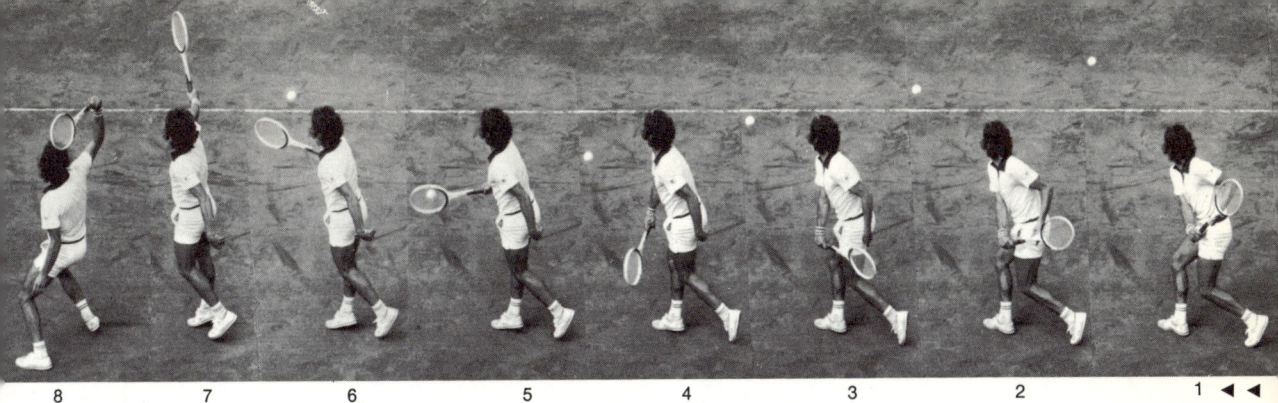

Typischer Rückhand-Topspin mit Ausschwung über die rechte Schulter. Das Bild 3 zeigt das geschlossene und gesenkte Handgelenk. Auch diese Bildreihe verdeutlicht die notwendige Seitstellung des Körpers während des ganzen Schlages.

Zu b) Die Aushol- und Schlagbewegung bis kurz vor dem Treffpunkt gleichen denen des Topspins mit Ausschwung über die rechte Schulter. Kurz vor dem Treffpunkt wird aber die Schlägerfläche leicht nach vorne um die Längsachse gekippt. Im Treffpunkt geht die Bewegung noch *kurz* steil aufwärts, dann aber wird die Ellenbogenspitze bei der Vorhand angehoben und der Ausschwung wird zum Ellenbogen des linken Armes durchgeführt. Bei der Rückhand bleibt die Ellenbogenspitze nach unten gerichtet, der Ausschwung verläuft von der rechten Schulter weg schräg vorwärts aufwärts.
Die Stellung zum Ball, die Beinarbeit und die Gewichtsverlagerung entsprechen denen beim Lift.

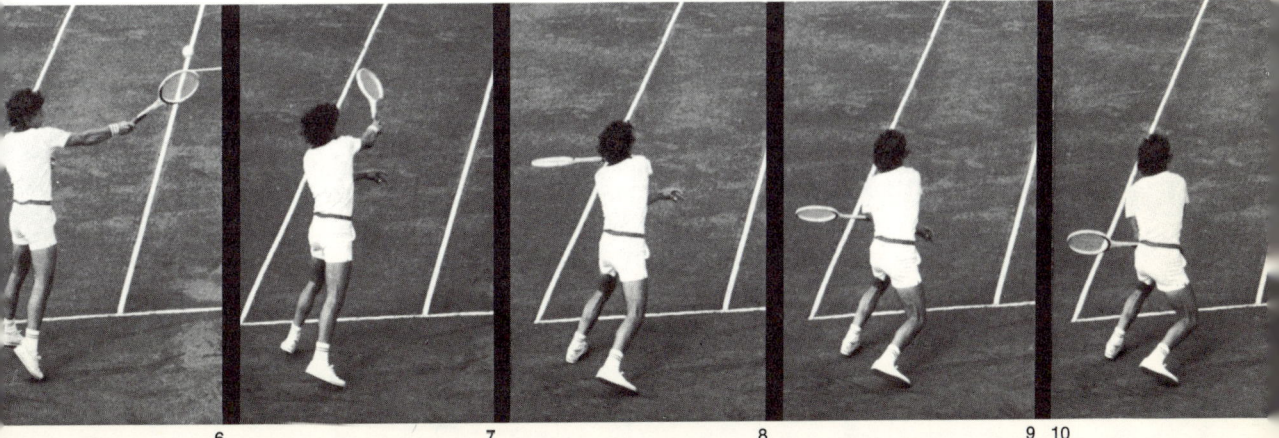

Schläge mit Vorwärtsdrall

Begründung der Technik
Durch den verspäteten Beginn der Ausholbewegung ist eine maximale Beschleunigung während der Schlagphase möglich. Zusammen mit dem fast senkrechten Hochreißen bei maximaler Beschleunigung der Schlägerspitze, dem Nachführen des Handgelenkes und dem Strecken der Knie bei tief geschlagenen Bällen erreicht man den gewünschten starken Vorwärtsdrall, der den Ball in eine steile Auf- und Abstiegskurve bringt.
Bei hoch getroffenen Bällen aus dem Mittelfeld ist ein natürlicher Ausschwung aus anatomischen Gründen nur mit Kippen des Schlägers möglich (Ausführung b).

Vorbereitende Übungen
- Armkreisen in beide Richtungen
- Schulterkreisen – Achterkreisen
- Rumpfmühle
- Kreuzschlag
- Kniebeuge mit Gewichtsverlagerung abwechselnd nach rechts und links

Vorübungen
Durchführung des Schlages nur mit Arm ohne Schläger und Ball.
Mit der Handfläche einen Reifen antreiben.
Mit dem Handrücken einen Reifen antreiben.
Kreisen des Handgelenkes mit leichter Hantel.
Einen Ball mit der Hand hochprellen, wobei dem Ball durch Einsatz des Handgelenkes eine Vorwärtsrotation gegeben wird.
Die gleiche Übung mit dem Schläger.
Der Partner (Lehrer) hält einen Schläger in Hüfthöhe mit der linken Hand vor seinem Körper, die Schlägerfläche senkrecht zum Boden. Der Übende beginnt mit der Ausholbewegung über den Schläger des Partners, macht hinter dem Schläger eine große Schleife nach unten und führt dann seinen Schläger unterhalb des Schlägers des Partners steil vorwärts aufwärts entweder über die rechte Schulter oder zum Ellenbogen der linken Hand.
Die gleiche Übung, aber mit Ball.
Der Partner steht ca. 1,50 m vor dem Übenden und läßt mit gestrecktem Arm den Ball so aus der Hand fallen, daß der Übende nach der Ausholbewegung über den Schläger des Partners den Ball mit einer

Schlagbewegung unterhalb dieses Schlägers als Topspin wegschlagen kann.
Der Übende wirft sich den Ball selbst vor die linke, bzw. vor die rechte Fußspitze und schlägt den vom Boden hochspringenden Ball als Topspin weg.
Der Partner wirft dem Übenden Bälle aus kurzer Entfernung zu, die dieser nach vorne — zuerst am besten gegen die Umzäunung und später über das Netz — als Topspin schlagen muß.
Der Partner wirft dem auf der Aufschlaglinie entlanglaufenden Übenden die Bälle so zu, daß dieser sie mit Vorhand- bzw. Rückhand-Topspin über das Netz schlagen kann.

Zielübungen
Topspinschläge gegen die Wand.
Zuschlagen des Balles durch den Lehrer, Partner oder Ballmaschine, wobei die Entfernung langsam vergrößert wird.

Lernerfolgskontrolle
Überprüfung der Grobform anhand folgender Kontrollpunkte:
Wendepunkt der Schleife des Schlägers etwas hinter der Verlängerung der Schulterachse.
Der tiefste Punkt der Schleife ungefähr in Unterschenkelhöhe.
Treffpunkt vor der linken Hüfte bei der Vorhand und vor der rechten Hüfte bei der Rückhand.
Kurz vor dem Treffpunkt soll die Schlägerspitze noch tiefer als das Schlägerherz, im Treffpunkt in gleicher Höhe und kurz nach dem Treffpunkt wesentlich höher als das Schlägerherz liegen.
Der Ausschwung beim Topspin Ausführung a) muß vor der rechten Gesichtshälfte oder über der rechten Schulter liegen. Bei Ausführung b) in Höhe des linken Ellenbogens bei der Vorhand, bei der Rückhand in Schlagrichtung vorwärts aufwärts.
Überprüfen des Bewegungsablaufes von der Ausholbewegung über die Schlagbewegung bis zur Ausschwungbewegung.

Häufige Fehler
● Der Schläger wird im unteren Bogen nicht tief genug geführt.
● Die Schlägerspitze wird nicht weit genug heruntergelassen.
● In der Schleife fehlt die Beschleunigung.
● Die Schlägerspitze wird nicht steil nach oben beschleunigt.

Schläge mit Vorwärtsdrall

- Das Handgelenk ist steif, wird während der Ausholbewegung nicht geöffnet (bei Vorhand) bzw. nicht geschlossen (bei Rückhand)
- Der Ausschwung ist nicht steil genug.
- Die Knie werden nicht gebeugt.
- Der Schlägerkopf wird beim Topspin mit Ausschwung zum linken Ellenbogen zu früh gekippt.

Außerdem können noch grundsätzliche Fehler auftreten, die den Bewegungsablauf der Grundschläge betreffen (siehe Grundschläge Band 2).

Fehlerkorrektur
- Bei fehlerhafter Schleife Korrektur durch »zwingende Situation«.
- Praktische Hilfeleistung durch Führenlassen des Armes durch den Partner oder Lehrer.
- Übungen vor dem Spiegel.
- Verbale und visuelle Korrektur. Demonstration.
- Ausgleichsgymnastik und weitere Wiederholung der Vorübungen.

Taktische Anwendung
Durch die, verglichen zum Lift noch steilere Auf- und Abstiegskurve der Flugbahn, kann man den Topspin mit maximalem Krafteinsatz bei großer Zielsicherheit schlagen.
Der Topspin eignet sich vor allem als Passierball für kurze Crossbälle und als Angriffsschlag aus dem Mittelfeld heraus. Er ist ebenfalls als Schlag zum Tempowechsel und für den Angriffslob geeignet.
In den meisten Fällen zwingt der Topspin den Gegner in die Defensive und damit zu Verteidigungsschlägen, vor allem zum Slice und zu kürzeren Schlägen.

Schläge mit Rückwärtsdrall

Der Rückwärtsdrall wird durch ein Führen der geöffneten Schlägerfläche von hinten oben vorwärts-abwärts und einer gleichzeitigen Beschleunigung der Schlägerspitze erzielt.
Man unterscheidet zwei Arten von Schlägen mit Rückwärtsdrall: *Slice* und *Chop*.

Der Slice

Der Slice ist ein Schlag mit starkem Rückwärtsdrall.

Die Griffhaltung

Für den Vorhandslice soll der Vorhandgriff und, für den Rückhandslice der Rückhandgriff angewendet werden. U. U. ist es aber auch möglich, den Vorhandslice mit dem Rückhandgriff und den Rückhandslice mit dem Vorhandgriff zu spielen (»falsche Griffhaltung«).

Die Ausgangsstellung

Die Ausgangsstellung (s. Seite 11).

Die Aushol-, Schlag- und Ausschwungbewegung

Die richtige Technik
Der Schläger wird beim Ausholen höher als bei einem Grundschlag, oft bis über Schulterhöhe, zurückgeführt. Durch stärkeres Anheben des Unterarmes wird die Schlagfläche über den voraussichtlichen Treffpunkt gebracht. Beim Rückhandslice muß der Ellenbogen nicht in unmittelbarer Körpernähe zurückgeführt werden.
Das Handgelenk wird bei allen Schlägen mit Rückwärtsdrall durchgestreckt und bleibt während des ganzen Schlages ziemlich fest.
Beim Rückhandslice führt die linke Hand den Schläger bis in den äußersten Punkt der Ausholbewegung. Der Wendebogen am Ende der möglichst weiten Ausholbewegung ist wesentlich flacher als bei einem Grundschlag. Der Ellenbogen wird bei der Vorhand schon am Ende der Ausholbewegung gestreckt, bei der Rückhand streckt er sich erst während der Schlagbewegung.
Nach dem Wendepunkt wird der Schläger flach vorwärts abwärts zum Treffpunkt geführt. Die Schlagfläche ist bei einem Slice immer geöffnet.
Der Treffpunkt liegt beim Slice wie bei einem Grundschlag bei der Vorhand vor der linken, bei der Rückhand etwas weiter in Schlagrichtung vor der rechten Hüfte.

1 2 3 4

Vorhand-Slice von U. Pinner: Der Schläger wird von hinten-oben nach vorne-unten durch den Treffpunkt geführt (Bild 1–6) und anschließend vorwärts-aufwärts ausgeschwungen (Bild 7–8).

Rückhand-Slice von J. Kodes: Während der Ausholbewegung ist der Ellenbogen weiter vom Körper entfernt als bei einem Drive (vergleiche Bild 2 dieser Reihe mit dem Bild 2 auf der Seite 17). Der Ausschwung geht wieder vorwärts-aufwärts (Bild 7–8).

Nach dem Treffen bewegt sich der Schläger noch kurz vorwärts abwärts. Der eigentliche Ausschwung erfolgt bei Vorhand zuerst in Schlagrichtung weit vorwärts-aufwärts und dann zur linken Schulter; bei Rückhand erfolgt er vorwärts-aufwärts in Schlagrichtung.

Beim Vorhandslice dreht sich die Schulterachse nach dem Treffen in die frontale Stellung, beim Rückhandslice bleibt sie senkrecht zum Netz. Die Beinarbeit gleicht der der Grundschläge, wobei beim Vorhandslice der linke Fuß und beim Rückhandslice der rechte Fuß etwas früher belastet werden. Außerdem geht man beim Slice nicht so tief in die Knie wie bei den Schlägen mit Vorwärtsdrall.

5 6 7 8

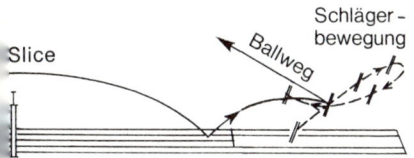

Begründung der Technik
Durch das Anheben des Unterarmes zu Beginn der Ausholbewegung wird der Schläger auf dem schnellsten Wege über den vorausgesehenen Treffpunkt geführt. Der kleine Wendebogen am Ende der Ausholbewegung ermöglicht einen fließenden Übergang in die Schlagbewegung und ein Vorwärts-Abwährtsführen des Schlägers gegen den Ball. Die flache Vorwärts-Abwärtsbewegung des Schlägers durch den Treffpunkt bei geöffneter Schlägerfläche bewirkt den Rückwärtsdrall des Balles. Der lange Ausschwung vorwärts aufwärts erlaubt ein fließendes und natürliches Ausklingen des Schlages.

Vorbereitende Übungen
- Armkreisen in beide Richtungen
- Flaches Armkreisen in einer Ellipse
- Schulterkreisen
- Rumpfmühle
- Kreuzschlag

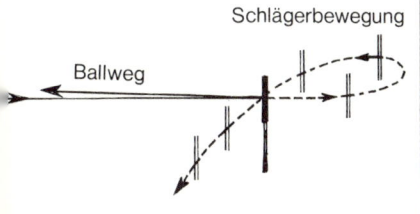

Vorübungen
Mit schräggestelltem Schläger den Ball auf die Erde so prellen, daß er einen Rückwärtsdrall bekommt.
Der Partner (Lehrer) hält einen Schläger in Brusthöhe mit der linken Hand vor seinen Körper, die Schlägerfläche parallel zum Boden, der Übende beginnt mit der Ausholbewegung über den Schläger des Partners, macht hinter dem Schläger eine kleine Schleife nach unten und führt dann seinen Schläger unterhalb des Schlägers des Partners flach vorwärts abwärts in die Schlagrichtung. Anschließend schwingt er vorwärts aufwärts aus.

Schläge mit Rückwärtsdrall

Die gleiche Übung, aber mit dem Ball.
Der Partner steht ca. 1,50 m vor dem Übenden und läßt mit gestrecktem Arm den Ball so aus der Hand fallen, daß der Übende nach der Ausholbewegung über den Schläger des Partners und Schlagbewegung unterhalb des Schlägers des Partners den Ball als Slice wegschlagen kann.
Der Übende wirft sich den Ball selbst vor die linke bzw. vor die rechte Fußspitze und schlägt den vom Boden hochspringenden Ball weg.
Der Partner wirft dem Übenden Bälle aus kurzer Entfernung zu, die dieser nach vorne — zuerst am besten gegen die Umzäunung und später über das Netz — als Slice schlagen muß.
Der Partner wirft dem auf der Aufschlaglinie entlanglaufenden Übenden die Bälle so zu, daß dieser sie mit Vorhand- bzw. Rückhandslice über das Netz schlagen kann.

Zielübungen
Sliceschläge gegen die Wand
Zuschlagen des Balles durch Lehrer, Partner oder Ballmaschine, wobei die Entfernung langsam vergrößert wird.

Lernerfolgskontrolle
Überprüfung der Grobform der Bewegung anhand folgender Kontrollpunkte:
Wendepunkt der Schleife des Schlägers etwas hinter der Verlängerung der Schulterachse und ungefähr in Kopfhöhe.
Treffpunkt vor der linken Hüfte bei der Vorhand und vor der rechten Hüfte bei der Rückhand.
Die Schlägerfläche ist während des ganzen Schlages geöffnet. Kurz vor dem Treffpunkt soll die Schlägerspitze noch höher als das Schlägerherz, im Treffpunkt in der gleichen Höhe und kurz nach dem Treffpunkt tiefer als das Schlägerherz liegen.
Ende der Ausschwungbewegung ca. in der Schulterhöhe.
Überprüfung des Bewegungsablaufes von der Ausholbewegung in die Schlagbewegung bis zur Ausschwungbewegung.

Häufige Fehler
- Der Unterarm wird nicht angehoben, die Ausholbewegung ist zu flach.
- Die Schleife ist zu groß und zu tief durchgezogen.

- Das Handgelenk ist zu locker und kippt nach unten ab.
- Der Schlägerkopf wird geschlossen.
- Der Schläger wird bei der Schlagbewegung zu steil heruntergeführt.
- Der Ausschwung erfolgt nur nach unten und ist zu kurz.

Außerdem können noch grundsätzliche Fehler auftreten, die den Bewegungsablauf der Grundschläge betreffen (siehe Grundschläge Band 2).

Fehlerkorrektur
- Bei fehlerhafter Schleife Korrektur durch »zwingende Situation«.
- Praktische Hilfestellung durch Führenlassen des Armes durch Partner oder Lehrer.
- Übungen vor dem Spiegel.
- Verbale und visuelle Korrektur. Demonstration.
- Ausgleichsgymnastik und weitere Wiederholung von Vorübungen.

Taktische Anwendung
Der Slice wird durch seine physikalischen Eigenschaften vorwiegend in der Verteidigung, beim Return, beim Angriff aus dem Feld und beim Tempowechsel angewendet, außerdem wenn man den Ball in der maximal noch erreichbaren Entfernung vom Körper spielen muß und in schwierigen Situationen als Notschlag bei falscher Stellung zum Ball. Er wird weiterhin bei hohen Bällen gespielt und ist kräftesparend.

Der Slice läßt sich wirksam sowohl auf nassem und weichem Boden anwenden, wo er praktisch »liegenbleibt« als auch auf sehr schnellem Boden, wo er flach wegrutscht.

Der Chop

Der Chop ist ein Schlag mit geringem Rückwärtsdrall.

Die Griffhaltung

Die Griffhaltung für den Chop entspricht der des Slices (s. Seite 29).

Schläge mit Rückwärtsdrall

Die Ausgangsstellung

Die Ausgangsstellung (s. Seite 11).

Die Aushol-, Schlag- und Ausschwungbewegung

Die richtige Technik
Die Ausholbewegung ist meist kürzer, der obere Bogen oft höher als beim Slice. Der Schläger wird durch einen kleinen Wendebogen steil vorwärts abwärts dem Ball entgegen geführt. Die Schlägerfläche ist geöffnet, die Ellenbogenspitze zeigt nach unten. Der Treffpunkt liegt wie beim Slice.
Nach dem Treffen wird der Schläger im Gegensatz zum Slice nicht mehr vorwärts aufwärts ausgeschwungen, sondern ziemlich steil heruntergeführt und der Ausschwung abgebrochen (»blockiert«).
Die Stellung zum Ball, die Beinarbeit und die Gewichtsverlagerung entsprechen denen beim Slice.

J. Kodes bei einem Rückhand-Chop: Im Gegensatz zum Slice wird der Schläger nur kurz vorwärts-abwärts geführt — der Ball wird blockiert (Bild 3–7). Auch hier ist die Seitstellung des Körpers während des ganzen Schlages vorbildlich demonstriert.

1  2  3  4

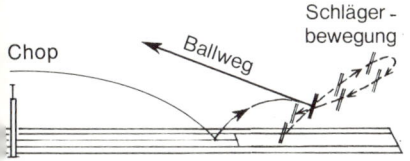

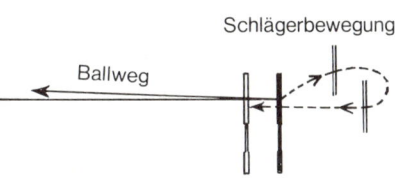

Begründung der Technik
In Situationen, in denen man für einen Schlag mit vollständigem Bewegungsablauf keine Zeit hat, spielt man einen Chop. Daher sind alle Bewegungsabläufe gegenüber dem Slice stark verkürzt. Der Ball wird »blockiert«. Er hat wenig Schwung und Druck.

Vorbereitende Übungen
- Armkreisen in beide Richtungen
- Flaches Armkreisen in einer Ellipse
- Schulterkreisen
- Rumpfmühle
- Kreuzschlag

Vorübungen
Die Vorübungen gleichen denen eines Slice.

Zielübungen
Chopschläge gegen die Wand.
Zuschlagen des Balles durch Lehrer, Partner oder Ballmaschine, wobei die Entfernung langsam vergrößert wird.

5

6

7

8

Schläge mit Rückwärtsdrall

Lernerfolgskontrolle
Überprüfung der Grobform der Bewegung anhand folgender Kontrollpunkte:
Wendepunkt der Schleife des Schlägers etwas vor der Verlängerung der Schulterachse (bei der Rückhand etwa in der Verlängerung dieser Achse und ungefähr in Kopfhöhe).
Treffpunkt vor der linken Hüfte bei der Vorhand und rechten Hüfte bei der Rückhand.
Die Schlägerfläche ist während des ganzen Schlages geöffnet.
Ende der Ausschwungbewegung ca. in Kniehöhe.
Überprüfung des Bewegungsablaufes von der Ausholbewegung in die Schlagbewegung bis zur Ausschwungbewegung.

Häufige Fehler
- Der Unterarm wird nicht angehoben. Die Ausholbewegung ist zu flach.
- Die Ausholbewegung ist zu weit durchgeführt.
- Die Schleife ist zu groß und zu tief durchgezogen.
- Das Handgelenk ist zu locker und kippt nach unten ab.
- Die Schlägerfläche wird geschlossen.

Fehlerkorrektur
- Bei fehlerhafter Schleife Korrektur durch »zwingende Situation«.
- Praktische Hilfestellung durch Führenlassen des Armes durch Partner oder Lehrer.
- Übungen vor dem Spiegel.
- Verbale und visuelle Korrektur. Demonstration.
- Ausgleichsgymnastik und weitere Wiederholung von Vorübungen.

Taktische Anwendung
Der Chop ist ein reiner Verteidigungsschlag. Er wird meistens in »Notsituationen« gespielt, evtl. nur, um den Ball »im Spiel zu halten«, wie z. B. als Return bei einem schnellen Aufschlag des Gegners. Sein Anwendungsbereich ist daher sehr begrenzt. Überraschend angewandt wird der Chop als Mittel zum Tempowechsel eingesetzt.

Der Lob

Der Lob ist ein hoch geschlagener Ball, mit dem man versucht, seinen Gegner zu überspielen.

Griffhaltung

Für den Vorhandlob wird der Vorhandgriff, für den Rückhandlob der Rückhandgriff angewendet (s. Seite 14/15). Es kann auch die »falsche Griffhaltung« benutzt werden, d. h. bei Vorhand der Rückhandgriff und bei Rückhand der Vorhandgriff.

J. Alexander: Lob ohne Drall

Die Ausgangsstellung

Die Ausgangsstellung (s. Seite 11).

Die Aushol-, Schlag- und Ausschwungbewegung

Die richtige Technik
Der Lob kann ohne Drall, mit Vorwärts- oder Rückwärtsdrall geschlagen werden.

Die Ausholbewegung gleicht der der Grundschläge, lediglich der untere Bogen wird etwas tiefer durchgezogen und die Schlägerfläche mehr geöffnet.
Die Schlagbewegung wird mit wesentlich weniger Beschleunigung durchgeführt, denn ein Lob ist ein »gefühlvoller« Schlag. Die Schlagbewegung und der Ausschwung verlaufen steiler nach oben als bei einem Grundschlag.
Beinarbeit, Stellung zum Ball und Gewichtsverlagerung entsprechen denen der Grundschläge.

Der Lob ohne Drall

Der Lob mit Vorwärtsdrall (Topspin-Lob)

Der gesamte Bewegungsablauf des Topspin-Lobs ist ähnlich dem einer Topspinvorhand oder Topspinrückhand mit beiden dort beschriebenen Ausschwungmöglichkeiten. Die Schlägerfläche wird während der Schlagbewegung extrem steil hochgerissen. Die Beschleunigung der Schlägerspitze ist maximal.
Beinarbeit, Stellung zum Ball und Gewichtsverlagerung entsprechen denen beim Topspin.

Der Lob mit Rückwärtsdrall (Slice-Lob)

Die Ausholbewegung entspricht der des Slice. Der untere Bogen der Schleife wird etwas tiefer durchgeführt, die Schlagbewegung verläuft kurz vor dem Treffpunkt flacher als beim Slice. Die Schlägerfläche ist stärker geöffnet; nach dem Treffen folgt der Schläger dem Ball nach oben.
Beinarbeit, Stellung zum Ball und Gewichtsverlagerung entsprechen denen des Slice.

◀ Vorhand-Topspin-Lob von J. Alexander

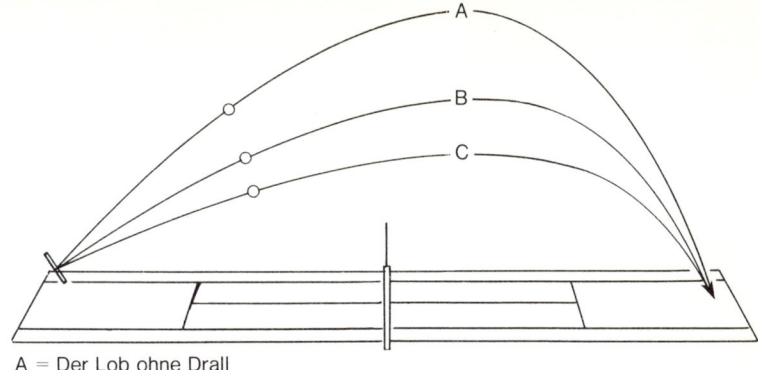

A = Der Lob ohne Drall
B = Der Lob mit Vorwärtsdrall
C = Der Lob mit Rückwärtsdrall

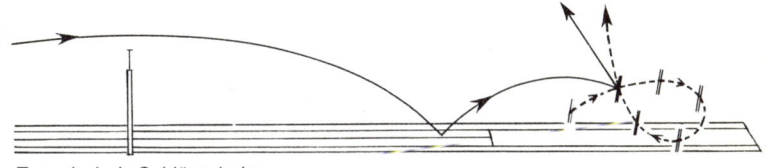

Topspin-Lob-Schlägerbahn

Begründung der Technik

Da jeder Lob in seiner Wirkung auf einem Überraschungseffekt beruht, wird er in der Aushol- und im Beginn der Schlagbewegung wie ein entsprechender anderer Schlag angesetzt.

Bei allen drei Lobarten muß die Schlägerfläche kurz vor dem Treffpunkt unter den Ball gebracht werden.

Da nur ein präzise geschlagener Lob wirkungsvoll ist, muß er mit mehr Gefühl als Kraft geschlagen werden; der Topspin-Lob außerdem noch mit viel Schwung, um ein Maximum an Vorwärtsdrall zu erreichen.

Vorbereitende Übungen

- Armkreisen in beide Richtungen
- Schulterkreisen
- Achterkreisen
- Rumpfmühle
- Kreuzschlag

Vorübungen

Mit dem Schläger von einem Partner zugeworfene Bälle nach dem Aufspringen gerade, mit Slice und mit Topspin hochschlagen.

Das gleiche, aber über einen Zaun oder über ein anderes, in einer Höhe von 3,50—4 m angebrachtes Hindernis.

◀ B. Gottfried bei einem Rückhand-Slice-Lob.

Der Lob

Zielübungen

Über einen am Netz stehenden Partner den Ball mit allen drei Lobarten auf die gegenüberliegende Grundlinie schlagen.

Zwei Spieler stehen sich am Netz gegenüber, zwei Spieler stehen sich auf ihrer Grundlinie gegenüber. Der Ball muß über den gegnerischen Netzspieler auf die andere Grundlinie gelobt werden.

Zuschlagen der Bälle durch den am Netz stehenden Partner und Schlagen des Lobs über ihn hinweg.

Lernerfolgskontrolle

Überprüfen der Grobform der Bewegung anhand der Kontrollpunkte wie beim geraden Schlag, Slice und Topspin.

Häufige Fehler

- Zu weit gespielte Bälle — zuviel Krafteinsatz.
- Zu flach oder zu kurz gespielte Bälle — zu kurze Schlagbewegung oder der Körper ist in der Rücklage.

Fehlerkorrektur

- Praktische Hilfestellung durch Führenlassen des Armes durch Partner oder Lehrer.
- Übungen vor dem Spiegel.
- Verbale und visuelle Korrektur. Demonstration.
- Ausgleichsgymnastik und weitere Wiederholung von Vorübungen.

Taktische Anwendung

Der Lob ohne Drall

Dieser Lob wird meist als hoher Verteidigungslob geschlagen. Man spielt ihn vor allem in Situationen, in denen man in einer ungünstigen Schlagposition ist, Zeit gewinnen muß und keinen Passierball schlagen kann.

Er ist zwar vom Gegner leichter zu erreichen, aber aufgrund der langen Flugbahn und steilen Abstiegskurve schwer zu schmettern.

Der Lob mit Vorwärtsdrall (Topsin-Lob)

Dieser Lob ist ein reiner Angriffslob, mit dem man einen direkten Punkt erzielen kann. Er ist sehr riskant und schwer zu schlagen. Man spielt ihn besonders in solchen Situationen erfolgreich, wenn der Gegner mit einem Passierball rechnet (Überraschungseffekt).

Der Lob mit Rückwärtsdrall (Slice-Lob)

Dieser Lob kann sowohl als Angriffs- als auch als Verteidigungslob geschlagen werden. Er eignet sich besonders dann, wenn der Gegner beim Vorwärtslaufen in Netznähe ist. Man kann den Slicelob praktisch aus jeder Situation spielen.

Der Stop

Der Stop ist ein Slice mit verkürztem Bewegungsablauf, der mit viel Gefühl und wenig Schwung geschlagen wird.

Die Griffhaltung

Die Griffhaltung für den Stop entspricht der des Slice (Seite 29).

Die Ausgangsstellung

Die Ausgangsstellung (s. Seite 11).

Die richtige Technik
Die Ausholbewegung, die Schlagbewegung und die Ausschwungbewegung entsprechen einer stark verkürzten Slicebewegung.
Der Treffpunkt soll etwas weiter vorne liegen; die Schlägerfläche wird im Treffpunkt weit geöffnet und mit einer Handgelenkdrehung unter den Ball gebracht, besonders wenn der Ball unter Netzhöhe geschlagen werden muß (»Einwickeln des Balles«).
Das Ende der Ausschwungbewegung liegt zwischen Hüft- und Brusthöhe. Die Stellung zum Ball, die Beinarbeit und die Gewichtsverlagerung entsprechend denen der Grundschläge.

R. Laver, einer der besten Tennisspieler aller Zeiten.

Der Stop

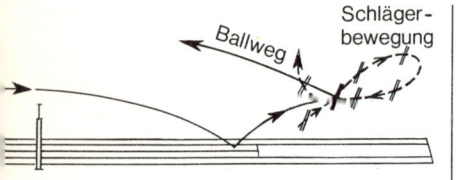

Begründung der Technik

Da der Stop möglichst direkt hinter das Netz gespielt werden und der Ball möglichst wenig weit und hoch abspringen soll, muß man ihm einen starken Rückwärtsdrall vermitteln. Außerdem muß er mit wenig Kraft und viel Gefühl geschlagen werden.
Deshalb ist der gesamte Bewegungsablauf der eines stark verkürzten Slice bei weit geöffneter Schlägerfläche und Einsatz des Handgelenkes im Treffpunkt.

Vorbereitende Übungen
- Armkreisen in beide Richtungen
- Flaches Armkreisen in einer Ellipse
- Schulterkreisen
- Rumpfmühle
- Kreuzschlag
- Achterkreisen

Vorübungen

Hochprellen des Balles mit der Hand, wobei man das »Einwickeln« durch die Handfläche versucht.
Die gleiche Übung mit dem Schläger.
Hochprellen des Balles mit dem Schläger und ihn durch »Einwickelbewegung« mit dem Handgelenk so auffangen, daß er »tot« auf dem Schläger liegenbleibt.
Zuwerfen des Balles durch einen Partner und den Ball so stoppen, daß er unmittelbar vor dem Spieler senkrecht zu Boden fällt.

Zielübungen

Zuspielen des Balles durch einen Partner; den Ball als Stop aus unmittelbarer Netznähe direkt hinter das Netz zurückspielen.
Dieselbe Übung mit Lehrer, Partner oder Ballmaschine, wobei die Entfernung zum Netz und zum Zuspieler langsam vergrößert wird.

Lernerfolgskontrolle
Überprüfung der Grobform der Bewegung anhand folgender Kontrollpunkte:
Wendepunkt der Schleife vor der Verlängerung der Schulterachse.
Treffpunkt weiter vorne als bei einem Slice.
Nach dem Ausschwung ist der Schlägerkopf etwa in der Brusthöhe, mit seiner Fläche fast parallel zum Boden.
Überprüfung des Bewegungsablaufes von der Ausholbewegung in die Schlagbewegung bis zur Ausschwungbewegung.

Häufige Fehler
- Die Ausholbewegung ist zu kurz — zu wenig Schwung.
- Die Ausholbewegung ist zu lang — zu viel Schwung.
- Der Ball wird zu spät getroffen.
- Das Handgelenk ist zu steif — der Ball prallt zu weit ab.
- Das Handgelenk ist zu locker — der Ball bleibt im Schläger »hängen«.
- Das Körpergewicht bleibt auf dem hinteren Fuß.
- Der Oberkörper ist in der Rücklage.

Fehlerkorrektur
- Bei fehlerhafter Durchführung Korrektur durch »zwingende Situation«.
- Praktische Hilfestellung durch Führenlassen des Armes durch Partner oder Lehrer.
- Übungen vor dem Spiegel.
- Verbale und visuelle Korrektur. Demonstration.
- Augsleichsgymnastik und weitere Wiederholung von Vorübungen.

Taktische Anwendung
Da die Wirkung eines Stops weitgehend von dem Überraschungsmoment abhängig ist, sollte er in der Ausholbewegung noch nicht als solcher erkennbar sein und ferner auch nicht zu oft angewendet werden. (Ausnahme bei technischen und konditionellen Schwächen des Gegners.)
Der Stop ist besonders dann wirkungsvoll, wenn man ihn in einer Situation spielt, in der er vom Gegner nicht erwartet wird (z. B. wenn ein Angriff erwartet wird).

Der Flugball

Die Anwendung des Stops beschränkt sich ferner auf langsame und weiche Bodenbeläge. Im modernen schnellen Angriffstennis hat er daher an Bedeutung verloren.
Ein Stopball kann auch aus rein taktischen Gründen eingesetzt werden, weil man den lauf- und flugballschwachen Gegner ans Netz locken oder ihn zu einem Fehler zwingen will.

Der Flugball (Volley)

Der Flugball als Grundschlag wird als Slice mit Rückwärtsdrall gespielt (s. Band 2, Seite 46).
Darüber hinaus gibt es Flugballarten, die unter die Spezialschläge einzuordnen sind:
- Flugball mit Vorwärtsdrall
- Flugball-Lob
- Flugball-Stop

Die Griffhaltung

Die Griffhaltung gleicht der des normalen Flugballes.

Die Ausgangsstellung

Die Ausgangsstellung entspricht der eines normalen Flugballes.

Der Flugball mit Vorwärtsdrall

Die Aushol-, Schlag- und Ausschwungbewegung

Die richtige Technik
Der Bewegungsablauf ähnelt dem eines Lift oder Topspins. Die Aus-

K. Rosewall bei einem Vorhand-Flugball mit Vorwärtsdrall in der Nähe der Grundlinie.

holbewegung wird deshalb nicht so hoch durchgeführt wie bei einem normalen Flugball. Im Anfang der Schlagbewegung muß der Schläger in einem tiefen Bogen unter den vorgesehenen Treffpunkt geführt werden. Von da wird er mit einer lift- oder topspinähnlichen Bewegung zum Treffpunkt gebracht und dann in Schlagrichtung nach oben oder wie bei einem »Kippschlag« durchgeschwungen (s. Topspin Seite 25).

Begründung der Technik
Weil man diesen Flugball meistens zwischen der Aufschlag- und Grundlinie in Bodennähe spielt, muß der Wendebogen tief durchgeführt werden und die Schlägerspitze in der Schlag- und Ausschwungbewegung steil hochgerissen werden, um dem Ball eine ausreichende Vorwärtsrotation zu geben.

Der Flugball

Vorbereitende Übungen
- Startübungen mit und ohne Körperdrehung
- Sprints mit Richtungsänderung
- Seilspringen
- Schnelles Troten auf der Stelle mit hohem Kniehebeln
- Ausfallschritte links und rechts mit Nachfedern
- Hüftkreisen
- Mühlkreisen

Vorübungen
Siehe Vorübungen für Lift und Topspin.
Die letzten Partnerübungen auch als Flugball.

Zielübungen
Siehe Zielübungen für Lift und Topspin, hier als Flugball gespielt.

Lernerfolgskontrolle
Überprüfung der Grobform der Bewegung anhand folgender Kontrollpunkte:
Wendepunkt der Schleife des Schlägers etwas vor der Verlängerung der Schulterachse.
Treffpunkt vor der linken Hüfte bei der Vorhand und weiter in Schlagrichtung vor der rechten Hüfte bei der Rückhand.
Kurz vor dem Treffpunkt soll die Schlägerspitze noch tiefer als das Schlägerherz, im Treffpunkt in gleicher Höhe und kurz nach dem Treffpunkt etwas höher als das Schlägerherz liegen.
Das Ende der Ausschwungbewegung liegt weit oberhalb des Treffpunktes.

Häufige Fehler
- Zu steife Beine
- Zu weite Ausholbewegung
- Zu wenig Vorwärtsrotation
- Frontale Stellung

Fehlerkorrektur
- Bei fehlerhafter Durchführung Korrektur durch »zwingende Situation«.

- Praktische Hilfestellung durch Führenlassen des Armes durch den Partner oder Lehrer.
- Übungen vor dem Spiegel.
- Verbale und visuelle Korrektur. Demonstration.
- Ausgleichsgymnastik und weitere Wiederholung von Vorübungen.

Taktische Anwendung
Der Flugball mit Vorwärtsdrall wird entweder in der Nähe der Grundlinie bei tiefem Treffpunkt oder in Netznähe bei hohem Treffpunkt als Kippschlag geschlagen. Damit dieser Ball sicher über das Netz noch ins gegnerische Feld trifft, muß er mit viel Vorwärtsdrall gespielt werden.
Er wird nur in Ausnahmefällen gespielt.

Der Flugball-Lob

Die Aushol-, Schlag- und Ausschwungbewegung

Die richtige Technik
Der Flugball-Lob ähnelt einer verkürzten Form des Flugballes. Die Schlagbewegung wird aber fast parallel zum Boden durchgeführt. Die Schlägerfläche ist mehr geöffnet. Der Ball wird mit Rückwärtsdrall geschlagen.

Begründung der Technik
Durch die parallele Schlägerführung zum Boden und die geöffnete Schlägerfläche erreicht man die gewünschte Flugkurve über die Reichweite des am Netz stehenden Gegners.
Der Rückwärtsdrall bewirkt, daß der Ball kontrolliert geschlagen wird.

Vorbereitende Übungen
Siehe Flugball mit Vorwärtsdrall (Seite 46).

Vorübungen
Siehe Slice und Chop, sowie Lob.
Die letzten Partnerübungen auch als Flugball.

Der Flugball

Zielübungen
Siehe Zielübungen für Slice, Chop und Lob, hier als Flugball gespielt.

Lernerfolgskontrolle
Überprüfung der Grobform der Bewegung anhand folgender Kontrollpunkte:
Wendepunkt der Schleife vor der Verlängerung der Schulterachse. Die Schlägerfläche ist während der Schlagbewegung geöffnet, das Ende der Ausschwungbewegung liegt etwa in Schulterhöhe bei stark geöffnetem Schlägerkopf.

Häufige Fehler
- Zu lockeres Handgelenk.
- Steife Beine.
- Zu steile Stellung des Schlägers.
- Zu wenig Rückwärtsdrall.
- Zu steile Schlägerführung nach unten bei der Schlagbewegung.
- Fehlende Ausschwungbewegung nach oben.

Fehlerkorrektur
- Bei fehlerhafter Durchführung Korrektur durch »zwingende Situation«.
- Praktische Hilfestellung durch Führenlassen des Armes durch den Partner oder Lehrer.
- Verbale und visuelle Korrektur. Demonstration.
- Ausgleichsgymnastik und weitere Wiederholung von Vorübungen.

Taktische Anwendung
Der Flugball-Lob wird vor allem im Doppel bei Flugballduellen gespielt, wenn die Gegner sehr nahe ans Netz vorgerückt sind. Der Flugball-Lob soll vor allem über die Rückhandseite des Gegners gespielt werden.
Im Einzel schlägt man ihn nur in Ausnahmefällen.

Der Flugball-Stop

Die Aushol-, Schlag- und Ausschwungbewegung

Die richtige Technik
Den Flugballstop kann man auf zwei verschiedene Arten schlagen:
1. mit Handgelenkdrehung (»Einwickelbewegung«)
2. mit festem Handgelenk (»Blockieren«)

1

2

3

4

5

6

J. Kodes bei einem Flugball-Stop entlang der Linie mit Handgelenkdrehung. Der Ball wird mit dem Schläger »eingewickelt«.

Zu 1. Die Ausholbewegung gleicht der eines Flugballes mit Rückwärtsdrall, die Schlag- und Ausschwungbewegung der des Stops mit Handgelenkdrehung.
Der gesamte Bewegungsablauf ist in allen Phasen kürzer als bei einem Flugball mit Rückwärtsdrall.

Der Flugball

| ▶▶ 1 | 2 | 3 | 4 | 5 | 6 |

Demonstration eines »blockierten« Flugball-Stops cross mit festem Handgelenk.

Zu 2. Nach einer sehr kurzen Ausholbewegung führt man den Schläger mit festem Handgelenk schräg vorwärts in die Flugbahn des Balles, bricht die Schlagbewegung ab und läßt den Ball schräg über das Netz ins gegnerische Feld abprallen. Der Ausschwung entfällt.

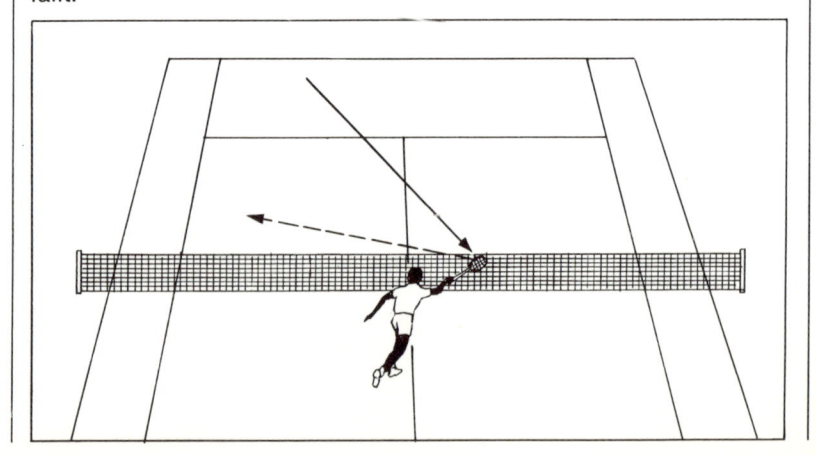

Begründung der Technik
Zu 1. Da ein Flugball-Stop direkt hinter das Netz gespielt werden und der Ball möglichst kurz und flach abspringen soll, muß man mit wenig Kraft und Schwung schlagen und dem Ball eine starke Rückwärtsrotation geben. Daher wird der Flugball-Stop mit stark geöffneter Schlägerfläche und Handgelenkdrehung in unmittelbarer Netznähe geschlagen.
Zu 2. Bei diesem Flugball-Stop wird der Ball nicht geschlagen, sondern der Schläger lediglich gegen den Ball gehalten, so daß der Ball wenig Schwung bekommt und durch die Schrägstellung der Schlägerfläche cross im gegnerischen Feld in Netznähe aufspringt.

Vorbereitende Übungen
Siehe Flugball mit Vorwärtsdrall (Seite 46).

Vorübungen
Siehe Slice, Chop und Stop.
Die letzten Partnerübungen auch als Flugball.

Zielübungen
Siehe Zielübungen für Slice, Chop und Stop, hier als Flugball gespielt.
Für den Flugball-Stop mit festem Handgelenk: von Lehrer, Partner oder Ballmaschine werden einem am Netz stehenden Spieler die Bälle so zugespielt, daß dieser sie als Flugball mit schräggestellter Schlägerfläche cross kurz hinter das Netz »abtropfen« lassen kann.

Lernerfolgskontrolle
Überprüfung der Grobform der Bewegung anhand folgender Kontrollpunkte:
Wendepunkt der Schleife vor der Verlängerung der Schulterachse, Treffpunkt weit vor dem Körper.
Beim Flugballstop mit lockerem Handgelenk liegt der Schlägerkopf nach dem Ausschwung etwa in Brusthöhe mit seiner Fläche fast parallel zum Boden. Beim Flugballstop mit festem Handgelenk liegt der Schlägerkopf etwa in Hüfthöhe mit senkrechter Schlägerfläche schräg vor dem Körper.

Der Flugball

Häufige Fehler
Zu 1.
- Zu frontale Stellung.
- Beim Schlagen zu weit vom Netz entfernt.
- Beim Schlagen das Gewicht auf dem hinteren Fuß belassen.
- Bewegung zum Ball parallel zum Netz.
- Zu wenig Rückwärtsdrall.
- Zu später Treffpunkt.
- Zu festes Handgelenk.

Zu 2.
- Zu frontale Stellung.
- Beim Schlagen zu weit vom Netz entfernt.
- Beim Schlagen das Gewicht auf dem hinteren Fuß belassen.
- Bewegung zum Ball parallel zum Netz.
- Zu später Treffpunkt.
- Zu lockeres Handgelenk.
- Unzureichende Winkelstellung des Schlägers.

Fehlerkorrektur
- Bei fehlerhafter Durchführung Korrektur durch »zwingende Situation«.
- Praktische Hilfestellung durch Führenlassen des Armes durch den Partner oder Lehrer.
- Verbale und visuelle Korrektur. Demonstration.
- Ausgleichsgymnastik und weitere Wiederholung von Vorübungen.

Taktische Anwendung
Der Flugball-Stop sollte nur in unmittelbarer Netznähe gespielt werden, damit die Flugbahn des Balles so kurz wie möglich ist. Wirkungsvoller ist der cross geschlagene Stop-Volley mit festem Handgelenk, da der Ball nicht in die Richtung des Gegners gespielt werden soll. Ansonsten gelten die gleichen taktischen Regeln wie für den Stop.

Der Halbflugball (Half-Volley)

Der Halbflugball ist ein Schlag, der kurz nach dem Absprung des Balles vom Boden geschlagen wird.

Die Griffhaltung

Für den Vorhand-Halbflugball wird der Vorhandgriff, für den Rückhand-Halbflugball wird der Rückhandgriff angewendet (s. S. 14/15).

Die Ausgangsstellung

Die Ausgangsstellung entspricht im Prinzip der eines Vorhand- oder Rückhandschlages. Da dieser Schlag aber meist in einer Notsituation gespielt wird, kann man nicht immer die ideale Ausgangsstellung einnehmen.

Aushol-, Schlag- und Ausschwungbewegung

Die richtige Technik
Die Ausholbewegung beim Halbflugball gleicht der eines Grundschlages in wesentlich verkürzter Form, auch der untere Bogen der Schleife ist flacher.

Vorhand-Half-Volley. Der Spieler (J. Kodes) geht tief in die Knie und verlagert während des Schlages beispielhaft das Körpergewicht vom hinteren auf den vorderen Fuß. Die Aushol- und Schlagbewegung sind kurz.

Der Halbflugball

6   5   4   3   2   1 ◀◀

Rückhand-Half-Volley von J. Kodes

Aus dem Wendebogen wird der Schläger bei gleichzeitiger Gewichtsverlagerung vom hinteren auf den vorderen Fuß fast parallel zum Boden gegen den Ball geführt. Der Ball wird weit vor dem Körper unmittelbar nach dem Absprung vom Boden getroffen. Bei einem Halbflugball in der Nähe der Grundlinie ist die Schlägerfläche leicht geschlossen, bei einem Halbflugball in der Nähe des Netzes geöffnet. Der Ausschwung verläuft kurz in Schlagrichtung.

Das Handgelenk soll während des gesamten Bewegungsablaufes fest sein.

Während der Ausholbewegung werden die Knie tief gebeugt und erst nach dem Treffpunkt wieder gestreckt. Er wird auch als Topspin-Halbflugball gespielt. Dann entspricht der Bewegungsablauf dem des Topspins (s. Seite 23).

Kurze Begründung der Technik

Die Ausholbewegung ist verkürzt, da man beim Halbflugball wenig Zeit zur Vorbereitung hat und man für den Schlag dadurch, daß der Ball direkt nach dem Absprung noch eine relativ hohe Geschwindigkeit hat, weniger Schwung braucht.

Treffpunkt unmittelbar nach dem Absprung des Balles erhöht die Treffsicherheit. Je näher der Treffpunkt zum Netz liegt, desto mehr muß die Schlägerfläche geöffnet werden.

Vorbereitende Übungen
- Armkreisen in beide Richtungen
- Schulterkreisen
- Achterkreisen
- Rumpfmühle
- Kreuzschlag
- Kniebeugen

Vorübungen
Einen vom Partner zugespielten Ball nach dem zweiten Aufsprung direkt über dem Boden fangen.
Einen vom Partner zugespielten Ball nach dem zweiten Aufsprung zurückschlagen.

Zielübungen
Ball gegen die Wand schlagen und den abspringenden Ball als Halbflugball spielen.
Zuschlagen des Balles durch Trainer, Partner oder Ballmaschine und zurückschlagen als Halbflugball.

Lernerfolgskontrolle
Überprüfung der Grobform der Bewegung anhand folgender Kontrollpunkte:
Wendepunkt der Schleife vor der Verlängerung der Schulterachse.
Die Knie sind stark gebeugt.
Treffpunkt etwas weiter vorne als bei einer normalen Vorhand oder Rückhand.
Kurzer Ausschwung in Schlagrichtung.
Überprüfung des Bewegungsablaufes von der Ausholbewegung in die Schlagbewegung bis zur Ausschwungbewegung.

Häufige Fehler
- Zu weite Ausholbewegung.
- Zu steife Beine.
- Zu später Treffpunkt.
- Der Schlägerkopf ist im Treffpunkt in der Grundliniennähe zu weit geöffnet – der Ball geht zu weit oder der Schlägerkopf in Netznähe zu viel geschlossen – der Ball geht ins Netz.
- Zu langer oder zu hoher Ausschwung.

Der Halbflugball

- Zu viel Krafteinsatz.
- Lockeres Handgelenk.
- Fehlende Gewichtsverlagerung.
- Frontale Stellung.

Fehlerkorrektur
- Bei zu langer Ausholbewegung Korrektur durch »zwingende Situation«.
- Praktische Hilfeleistung durch Führenlassen des Armes durch den Partner oder Lehrer.
- Übungen vor dem Spiegel.
- Verbale und visuelle Korrektur. Demonstration.
- Ausgleichsgymnastik und weitere Wiederholung von Vorübungen.

Taktische Anwendung
Der Halbflugball wird nur dann gespielt, wenn man für einen Flugball zu weit entfernt und für einen normalen Schlag zu nah am Aufsprungpunkt des Balles steht. Er ist einer der schwierigsten Schläge.
Man kann allerdings mit dem Halbflugball, besonders mit Topspin, das Spiel schnell machen und man kann ihn verdeckt schlagen.

Slice-Aufschlag von S. Smith: Der Ball wird über die Grundlinie und über die rechte Schulter geworfen und dort auch getroffen (Bild 3–6). Der Schläger ist vor dem Treffpunkt schräg zur Schulterachse gestellt (Bild 5).

Der Slice-Aufschlag

Der Slice-Aufschlag ist ein Schlag mit einer Drallkombination von rechts nach links und über den Ball von hinten oben nach vorne unten, wobei der Seitendrall überwiegt.

Die Griffhaltung

Der Sliceaufschlag wird mit dem Rückhand- oder Universalgriff geschlagen.

Die Ausgangsstellung

Beim Aufschlag von der rechten Seite steht man ca. 1 m rechts vom Mittelpunkt der Grundlinie entfernt, beim Aufschlag von der linken Seite ca. 30 cm links vom Mittelpunkt.
Ansonsten entspricht die Ausgangsstellung der des geraden Aufschlages.

Die Aushol-, Schlag- und Ausschwungbewegung

Die richtige Technik
In folgenden Punkten unterscheidet sich der Slice-Aufschlag vom geraden Aufschlag:

6   7   8   9   10

Der Slice-Aufschlag

Der Ball wird mehr nach rechts und näher über die Grundlinie geworfen.
Der Schläger wird aus dem tiefsten Punkt der Schleife unter ca. 45° Schlägerkopfstellung zur Schulterachse dem Ball entgegengeführt.
Der Ball wird von der Schlägerfläche von rechts oben nach links unten getroffen, wobei der Ball mit einer Drehung des Handgelenkes »umwickelt« wird.
Nach dem Treffen wird der Schläger nicht so weit in die Schlagrichtung geführt wie bei einem geraden Aufschlag, sondern er wird schneller neben die linke Hüfte ausgeschwungen.

Begründung der Technik

Durch die veränderte Lage des Treffpunktes zusammen mit der anderen Schlägerführung erhält der Ball eine Kombination von starkem Seitendrall (von rechts nach links) und leichtem Vorwärtsdrall.
Die Flugkurve ist nicht so flach wie beim geraden Aufschlag und der Ball fliegt langsamer. Vom Aufschläger aus gesehen, kurvt der Ball nach links. Nach dem Absprung fliegt der Ball flacher und springt weiter nach links ab.

Vorbereitende Übungen

- Armkreisen – Rumpfkreisen
- Hanteln aus der Seithalte in die Beugung bringen
- Hüfte nach vorne drücken
- Wurfarm hochstrecken. Mit Schlagarm die rechte Ferse berühren.
- Schlagwurf mit verschiedenen Ballsorten.
- Aus dem Gehen das linke Bein gestreckt hochschwingen und beide Arme gleichzeitig an der linken Körperseite nach unten ziehen.

Vorübungen

Den Ball mit der rechten Hand mit Rechtsdrall aus 8–12 m Entfernung gegen eine Wand werfen, schnell hinterher laufen und den zurückspringenden Ball in der Luft wieder auffangen.

Zielübungen

Die gesamte Aufschlagbewegung mit Schläger und Ball gegen eine Begrenzung (Wand, Umzäunung usw.) ausführen.
Aufschläge über das Netz ins Aufschlagfeld schlagen.

Lernerfolgskontrolle
Kontrolle des richtigen Ballwurfes durch Markierungen an einer Wand o. ä. und auf dem Boden.
Überprüfung der Grobform der Bewegung anhand folgender Kontrollpunkte:
Schläger befindet sich nach dem Zurückschwingen (Pendelbewegung) schräg rechts hinter der rechten Hüfte.
Am Anfang des Einschwungs des Schlägers hinter dem Rücken sind die Knie tief gebeugt, das Becken nach vorn geschoben und der Oberkörper in die Rücklage gebogen.
In der Mitte der Schleife befindet sich der Schläger im tiefsten Punkt fast senkrecht zum Rücken, der Ball hat den Kulminationspunkt erreicht oder kurz überschritten.
Treffpunkt des Balles im höchsten Punkt etwas mehr rechts über der Grundlinie als bei einem geraden Aufschlag. Am Ende der Ausschwungbewegung befindet sich der Schläger neben der linken Körperseite, der rechte Fuß hat den Ausfallschritt beendet, der linke Arm ist vor die Magengrube gebeugt.
Überprüfung des Bewegungsflusses vom Zurückschwingen über das Einschwingen und Schlagen bis zum Ausschwingen.

Häufige Fehler
- Der Treffpunkt liegt falsch — entweder zu weit vor oder hinter der Schulterachse, oder aber zu weit links oder rechts vom Kopf.
- Die Schlägerfläche ist im Treffpunkt parallel zur Schulterachse.
- Die Schleife hinter dem Körper ist zu langsam durchgeführt.
- Der Aufschwung geht zu weit in die Schlagrichtung oder nach rechts.

Fehlerkorrektur
- Verable und visuelle Korrektur durch Lehrer oder Partner
- Demonstration durch den Lehrer
- Praktische Hilfestellung durch Führenlassen des Armes
- »Zwingende Situation«
- Orientierungshilfe für den richtigen Ballwurf
- Weitere Vorübungen

Der Twist-Aufschlag

Taktische Anwendung
Der Slice-Aufschlag ist der am häufigsten angewandte Aufschlag. Durch den Seitendrall ist er sicherer als ein gerader Aufschlag zu schlagen. Der Ball springt nach dem Aufsprung weit auf die Vorhandseite des Rückschlägers.
Durch den starken Seitendrall treibt der Slice-Aufschlag den Rückschläger beim Aufschlag von rechts nach links weit seitlich rechts aus dem Feld. Außerdem wird er gegen Linkshänder im gleichen Falle angewandt.

Der Twist-Aufschlag

Der Twist-Aufschlag ist ein Schlag mit einer Drallkombination von links nach rechts und über den Ball von hinten unten nach vorne oben. Man nennt ihn auch amerikanischen oder Topspinaufschlag. Er wird als zweiter Aufschlag angewendet.

Die Griffhaltung

Der Twistaufschlag wird mit dem Rückhand- oder Universalgriff geschlagen.

Die Ausgangsstellung

Beim Aufschlag von der rechten Seite steht man unmittelbar rechts vom Mittelpunkt der Grundlinie entfernt, beim Aufschlag von der linken Seite ca. 1 m links vom Mittelpunkt.
Ansonsten entspricht die Ausgangsstellung der des geraden Aufschlages.

Aushol-, Schlag- und Ausschwungbewegung

Die richtige Technik
In folgenden Punkten unterscheidet sich der Twistaufschlag vom geraden Aufschlag:

P. Ramirez bei einem Twist-Aufschlag: Der Oberkörper wird in der Ausholbewegung weit zurückgebeugt und der Schläger tief hinter den Rücken geschwungen (Bild 5–7). Nach dem Treffpunkt schnappt das Handgelenk nach rechts vorwärts-abwärts zu (Bild 11).

Der Ball wird mehr nach links hinten geworfen. Der Körper dreht sich beim Ausholen weiter mit dem Rücken zum Netz. Die Bogenspannung des ganzen Körpers ist wesentlich größer. Dadurch beschreibt der Schlägerkopf einen möglichst tiefen Wendepunkt.
Die Schlägerfläche wird aus dem tiefsten Punkt der Schleife fast parallel zum Rücken dem Ball entgegen geführt. Der Ball wird über dem Kopf im höchst erreichbaren Punkt von der Schlägerfläche von links unten nach rechts oben mit einem zusätzlichen »Zuschnappen« des Handgelenks in gleicher Richtung getroffen.
Nach dem Treffen wird der Schläger zunächst zur rechten Körperseite und dann zum linken Knie geschwungen. Wenn man nach dem Aufschlag nicht ans Netz vorrückt, muß der rechte Fuß nicht unbedingt ins Feld vortreten.

Twist-Aufschlag von I. Nastase: Der Ball wird mehr über die linke Schulter nach hinten geworfen (Bild 3). Der Ausschwung geht zuerst weit nach rechts (Bild 8–9), bevor der Schläger vor das linke Knie geführt wird.

Der Twist-Aufschlag

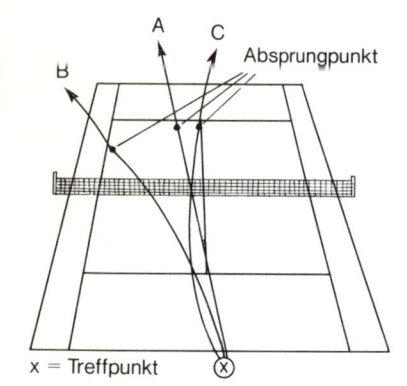

x = Treffpunkt
A = Gerader Aufschlag
B = Slice-Aufschlag
C = Twist-Aufschlag

Die verschiedenen Flugbahnen des Balles bei den drei Aufschlagarten

Begründung der Technik
Das Aufwerfen des Balles links hinter den Körper, die größere Bogenspannung beim Ausholen, die Führung des Schlagers aus dem tiefsten Punkt der Schleife parallel zur Schulterachse, sowie die Vorwärts-Aufwärtsbewegung des Schlägers mit Zuschnappen des Handgelenkes geben dem Ball eine Drallkombination von links nach rechts und von hinten unten nach vorne oben. Dadurch fliegt der Ball in einer Rechtskurve und springt nach dem Aufprall vom Aufschläger aus gesehen, rechts hoch ab.

Vorbereitende Übungen
- Armkreisen
- Rumpfkreisen
- Hanteln aus der Seithalte in die Beugung bringen.
- Hüfte nach vorne drücken und Oberkörper in die Rücklage beugen.
- Die gleiche Übung mit Medizinball.
- Wurfarm hochstrecken, mit Schlagarm die rechte Ferse berühren.
- Schlagwurf mit verschiedenen Ballsorten.
- Aus dem Gehen das linke Bein gestreckt hochschwingen und beide Arme gleichzeitig an der linken Körperseite nach unten ziehen.

Vorübungen
Aus der Rücklage des Oberkörpers den Ball mit rechtem Vorwärtsdrall aus 8—12 m Entfernung gegen eine Wand werfen, schnell hinterher laufen und den zurückspringenden Ball in der Luft wieder auffangen.

Zielübungen
Die gesamte Aufschlagbewegung mit Schläger und Ball gegen eine Begrenzung (Wand, Umzäunung) ausführen.
Aufschläge über das Netz ins Aufschlagfeld schlagen.

Lernerfolgskontrolle
Kontrolle des richtigen Ballwurfes durch Markierungen an einer Wand oder ähnlich und auf den Boden.
Überprüfen der Grobform der Bewegung anhand folgender Kontrollpunkte:

Schläger befindet sich nach dem Zurückschwingen (Pendelbewegung) schräg rechts hinter der rechten Hüfte.
Am Anfang des Einschwungs des Schlägers hinter dem Rücken sind die Knie tief gebeugt, das Becken weit nach vorn geschoben und der Oberkörper tief in die Rücklage gebogen.
In der Mitte der Schleife befindet sich der Schläger im tiefsten Punkt fast senkrecht zum Rücken, der Ball hat den Kulminationspunkt erreicht oder kurz überschritten.
Treffpunkt des Balles im höchsten Punkt hinter dem Rücken.
Der Ausschwung des Schlägers nach dem Treffpunkt geht zuerst aus lockerem Handgelenk nach rechts in Richtung zu der rechten Körperseite.
Ende der Ausschwungbewegung ist wiederum auf der linken Körperseite.
Überprüfung des Bewegungsablaufes vom Zurückschwingen über das Einschwingen und Schlagen bis zum Ausschwingen.

Häufige Fehler
- Der Treffpunkt liegt entweder zu weit vor oder hinter der Schulterachse bzw. links und rechts vom Kopf.
- Das Handgelenk ist zu steif.
- Der Ausschwung geht zuerst nicht nach rechts.
- Die Bogenspannung ist zu gering.
- Die Knie sind steif.
- Der Körper dreht sich nicht genug mit dem Rücken zum Netz.
- Der Ball bekommt zu wenig Vorwärtsdrall durch zu langsame Schlägerführung.

Fehlerkorrektur
- Verbale und visuelle Korrektur durch Lehrer oder Partner.
- Demonstration durch den Lehrer.
- Praktische Hilfestellung durch Führenlassen des Armes.
- »Zwingende Situation«.
- Orientierungshilfe für den richtigen Ballwurf.
- Weitere Vorübungen.

Taktische Anwendung des Schlages
Der Twist-Aufschlag wird vor allem als zweiter Aufschlag angewendet, besonders im Einzel und im Doppel beim Vorgehen zum Netz. Durch das relativ langsame Tempo des Balles und durch den hohen Bogen, in dem der fliegt, kommt man nahe ans Netz. Der hohe Absprung auf die Rückhandseite des Gegners setzt diesen unter Druck und erschwert den Return. In letzter Zeit hat er allerdings an Bedeutung verloren.

Der Rückhand-Schmetterball

Der Rückhand-Schmetterball ist die Antwort auf einen Lob auf die Rückhandseite. Er ist ein schwierig zu schlagender und deshalb selten angewandter Ball.

Die Griffhaltung

Beim Rückhand-Schmetterball wird der Rückhand- oder Universalgriff benutzt.

Die Ausgangsstellung

Die Ausgangsstellung entspricht der beim Flugball.

Die Aushol-, Schlag- und Ausschwungbewegung

Die richtige Technik
Beim Ausholen dreht man sich mit dem ganzen Rücken zum Netz. Am Anfang der Ausholbewegung wird der Schläger mit der linken Hand am Schlägerhals etwas zurückgeführt. Anschließend werden bei starker Körperdrehung nach links Oberarm und Ellenbogen bis ungefähr in Kopfhöhe gehoben und der Schläger mit geschlossenem Handgelenk tief hinter den Körper über die Schulter heruntergelassen. Das Körpergewicht verlagert sich dabei auf den linken Fuß. Aus dieser Stellung wird die Schlägerfläche über der linken Schulter hoch dem Ball entgegengeführt, wobei sich das Handgelenk

1 2 3 4

Rückhand-Schmetterball von J. Kodes: Von größter Wichtigkeit ist die exakte Seitstellung des Körpers, so daß dieser während des Schlages fast mit dem ganzen Rücken zum Netz gedreht ist.

streckt. Der Ball wird über der rechten Schulter im höchst möglichen Punkt getroffen. Die Schlagbewegung ist vor allem eine Peitschenbewegung aus dem Unterarm und Handgelenk. Das Körpergewicht verlagert sich schon beim Treffen des Balles auf den rechten Fuß. Beim Treffen des Balles kippt das Handgelenk in die Schlagrichtung des Balles ab, der Schläger wird in gleicher Richtung heruntergeführt. Der Körper bleibt während des gesamten Bewegungsablaufes in seitlicher Stellung.

Bei Bällen, die aus dem Stand nicht zu erreichen sind, muß der Rückhand-Schmetterball bei gleichem Bewegungsablauf aus dem Sprung geschlagen werden.

5 6 7 8

Der Rückhand-Schmetterball

Begründung der Technik
Da man beim Rückhand-Schmetterball aus anatomischen Gründen nicht so weit ausholen kann wie bei einem normalen Schmetterball, muß der Körper extrem weit seitlich gedreht werden und der Schwung vor allem mit dem Unterarm und dem Handgelenk erzeugt werden.

Vorbereitende Übungen
- Seilspringen
- Wechselschritte und Sprünge
- Spreiz- und Scherensprünge
- Sprünge mit Anhocken, Grätschen und Spreizen der Beine
- Kosakentanz
- Rumpfdrehen nach links und rechts
- Rumpfbeugen rückwärts mit Vorschieben des Beckens, die Hände gehen an die Fersen
- Hantelübungen

Vorübungen
Ball mit der linken Hand hochwerfen und ihn im Sprung in der maximalen Höhe mit dem Handrücken der rechten Hand wegprellen.
Ball von vorne im hohen Bogen zuwerfen lassen und im Sprung in der maximalen Höhe mit dem Handrücken der rechten Hand wegprellen.
Ball vor einer Wand mit dem Schläger von oben nach unten auf den Boden schlagen und den von der Wand zurückspringenden Ball als Rückhandschmetterball wieder auf den Boden vor die Wand schlagen usw.

Zielübungen
Üben des Rückhand-Schmetterballes aus dem Stand auf Zuspiel von Lehrer oder Ballmaschine.
Das gleiche im Sprung.
Das gleiche mit Vorwärts-, Seitwärts- und Rückwärtslaufen.
Rückhandschmetterschläge auf Ziele in der gegnerischen Spielhälfte.

Lernerfolgskontrolle
Überprüfung der Grobform der Bewegung anhand folgender Kontrollpunkte:
Schläger am Ende der Ausholbewegung fast senkrecht zum Boden, die Ellenbogenspitze zeigt nach oben, das Gewicht ist voll auf dem linken Fuß.
Treffpunkt im höchsten Punkt über der rechten Schulter bei voller Streckung des Körpers.
Ende des Ausschwungs in Seitstellung vor dem rechten Knie.
Kontrolle des Bewegungsablaufes vom Beginn der Aushol- bis zum Ende der Ausschwungbewegung.

Häufige Fehler
- Frontale Stellung beim Ausholen.
- Überkreuzen der Arme beim Ausholen.
- Keine Gewichtsverlagerung.
- Zu kurze Ausholbewegung.
- Der Ellenbogen wird nicht genug gehoben.
- Festes Handgelenk.
- Keine Streckung.
- Der Schläger wird hinter dem Rücken nicht tief heruntergelassen. Das Handgelenk ist im Treffpunkt zu steif.

Fehlerkorrektur
- Verbale Korrektur und Demonstration durch Lehrer.
- Aktive Hilfestellung durch Lehrer zum Zwecke der Bogenspannung.
- Gewichtsverlagerung und Schlägerführung.
- Weitere Wiederholung der vorbereitenden Übungen und Vorübungen.

Taktische Anwendung
Da der Rückhandschmetterball nicht so schnell und hart geschlagen werden kann wie ein normaler Schmetterball, kommt es auf die genaue Plazierung an. Bälle, die hoch und seitlich auf die Rückhand gespielt werden, soll man mit Rückhand-Schmetterball zurückschlagen, damit man das Umlaufen der Rückhand und damit das Öffnen des Platzes vermeidet.

Die beidhändige Rückhand

Die beidhändige Rückhand ist ein Schlag, der gerade in den letzten Jahren wieder an Bedeutung gewonnen hat. Wimbledon-Sieger Connors und Chris Evert, sowie der Weltklassespieler Björn Borg haben z. Zt. in dieser Rückhand die größte Stärke. Obwohl dieser Schlag zum Teil noch individuell gespielt wird, hat sich die Technik soweit stabilisiert, daß man einen optimalen Bewegungsablauf beschreiben und empfehlen kann.

Die Griffhaltung

Die rechte Hand hält den Schläger mit Rückhandgriff; die linke Hand hält den Schläger mit Vorhandgriff für Linkshänder oberhalb der rechten Hand. Die Handkante der linken Hand berührt den Daumen der rechten Hand, der kleine Finger der linken Hand den Zeigefinger der rechten Hand.

Begründung der Griffhaltung
Damit der Ball vor der rechten Hüfte mit richtiger Schlägerstellung getroffen werden kann, muß er mit der rechten Hand mit Rückhandgriff (wie bei Rückhand für Rechtshänder) und mit der linken Hand mit Vorhandgriff (wie bei Vorhand für Linkshänder) gehalten werden.

Vorbereitende Übungen
- Finger beider Hände schnell zur Faust zusammenschließen und wieder strecken (30—50 mal).
- In jede Hand einen Tennisball nehmen und mehrmals kräftig zusammendrücken.
- Handflächen zusammenlegen und die Finger kräftig gegeneinander drücken.

Vorübung
Den Schläger mit der linken Hand am Schlägerhals vor den Körper in senkrechter Stellung halten. Mit der rechten Hand den Griff mit Rückhandgriff umschließen. Die linke Hand am Griff heruntergleiten lassen, bis sie an die rechte stößt.

Während der Aushol- und Schlagbewegung müssen beide Hände den Schläger fest umschließen.

Zielübungen
Den Ball mit beidhändiger Rückhand hochprellen.
Den Ball mit beidhändiger Rückhand nach unten auf den Boden prellen. Beide Übungen mit Impuls aus der linken Hand.

Lernerfolgskontrolle
Schläger mit korrekter Schlägerhaltung vor die rechte Hüfte halten. Schlägerfläche muß bei korrekter Griffhaltung an dieser Stelle senkrecht stehen.
Jeweils nach einigen Schlägen die Übungen unterbrechen und eine Griffkontrolle nach der folgenden Fehlerübersicht vornehmen.

Häufige Fehler
- Die rechte Hand hält den Schläger mit Vorhandgriff.
- Die linke Hand hält den Schläger mit Rückhandgriff.
- Die linke Hand schließt nicht an die rechte an, sie ist zu weit zum Schlägerhals verschoben.
- Die linke Hand ist links um den Griff gerutscht.

Ch. Evert bei ihrer beidhändigen Rückhand: Der rechte Arm ist während der Ausholbewegung gestreckt (Bild 2–4). Eine ausgezeichnete Körperstellung im Treffpunkt zeigt das Bild 5. Ch. Evert benutzt auch beim Ausschwung beide Hände. Der Ausschwung erfolgt über die rechte Schulter, der Körper rotiert im Gegensatz zur einhändigen Rückhand in die frontale Stellung (Bild 7–10).

Fehlerkorrektur
- Vergleich mit der Abbildung (Selbstkontrolle).
- Verbale Korrektur durch Lehrer oder Partner.
- Demonstration.
- Weiteres Wiederholen von Vor- und Zielübungen.

Die Ausgangsstellung
Die Ausgangsstellung gleicht der aller anderen Grundschläge.

Die Aushol-, Schlag- und Ausschwungbewegung

Die richtige Technik
Zum Ausholen wird der Schläger im Gegensatz zur einhändigen Rückhand mit durchgestrecktem rechten Arm und leicht angewinkeltem linken Arm in unmittelbarer Körpernähe entgegen der Schlagrichtung zurückgeführt. Die linke Hand liegt schon in dieser Phase mit richtiger Griffhaltung an dem Griff.
Unter Verlagerung des Körpergewichts auf den linken Fuß dreht

6   7   8   9   10

Die beidhändige Rückhand von B. Borg: Die Ausholbewegung geht weit über die linke Hüfte (Bild 3), der Körper ist mit dem halben Rücken zum Netz gedreht (Bild 3). Ganz typisch, wie sich die Bilder 5 von Ch. Evert und 7 von B. Borg im Treffpunkt ähneln. Im Ausschwung läßt B. Borg im Gegensatz zu Ch. Evert den Schläger mit der linken Hand los. Auch hier rotiert der Körper in die frontale Stellung, da der Schlag beidhändig durchgeführt worden ist.

sich der Oberkörper nach links, wobei der Schläger in einem nur flachen oberen Bogen nach hinten über die Hüfte hinaus geführt wird. Gleichzeitig wird der rechte Fuß vorgesetzt.

Die rechte Hälfte des Rückens zeigt zum Netz, die rechte Schulter ist etwas tiefer als die linke. Am Ende der Ausholbewegung wird der Schlägerkopf leicht angehoben. Die Schlagbewegung verläuft ebenfalls in einem flachen Bogen. Am Anfang der Schlagbewegung wird der Schlägerkopf tief heruntergelassen und der linke Arm streckt sich im Ellenbogen. Das linke Handgelenk wird geöffnet, das rechte leicht geschlossen.

Die Schlagbewegung verläuft parallel zur Hüftachse flach vorwärts aufwärts, wobei die Schlägerspitze zunehmend beschleunigt wird. Beide Handgelenke kehren bis zum Treffpunkt in ihre Ausgangsstellung zurück; die Arme sind gestreckt. Der Kraft- und Schwungeinsatz erfolgt mit der linken Hand, die rechte Hand stabilisiert den Schläger. Das Körpergewicht wird während der Schlagbewegung voll auf den rechten Fuß verlagert. Die linke Schulter folgt dem linken Arm nach vorne, und der Oberkörper beginnt sich in die frontale

5   4   3   2   1

Die beidhändige Rückhand

Stellung zu drehen. Im Augenblick des Treffens muß der Schläger mit beiden Händen festgehalten werden. Der Treffpunkt liegt in Schlagrichtung vor der rechten Hüfte. Die rechte Schulter ist schon etwas höher als die linke.

Nach dem Treffen des Balles wird der Schläger zuerst in die Schlagrichtung und dann neben die rechte Schulter ausgeschwungen. Der Oberkörper steht völlig frontal zum Netz. Am Ende der Ausschwungbewegung kann die linke Hand den Schläger loslassen.

Begründung der Technik

Dadurch, daß die linke Hand bei der Ausholbewegung den Schläger am Griff hält, muß der rechte Arm schon während der Ausholbewegung durchgestreckt sein. Die gesamte Schleife ist daher flacher als bei der einhändigen Rückhand. Der Rückhandgriff bei der rechten und der Vorhandgriff bei der linken Hand ermöglichen den größten Widerstand und dadurch eine maximale Kraftübertragung.

Das Rotieren des Körpers während der Schlagbewegung ist durch die Schlägerführung mit der linken Hand verursacht. Deshalb muß der Ball auch wesentlich näher am Körper geschlagen werden.

Falls die linke Hand während der ganzen Ausschwungbewegung am Schläger bleibt, muß dieser ziemlich eng über die rechte Schulter ausgeschwungen werden.

Vorbereitende Übungen

- Armkreisen
- Schulterkreisen
- Achterkreisen
- Rumpfmühle
- Kreuzschlag
- Finger beider Hände zusammenflechten und vor dem Körper rechts und links schwingen

Vorübungen

Der Partner, Lehrer, hält einen Schläger in Kniehöhe in der rechten Hand vor seinem Körper, die Schlägerfläche parallel zum Boden. Der Übende beginnt mit der Ausholbewegung für die Rückhand über den Schläger des Partners, macht hinter dem Schläger eine kleine Schleife nach unten und führt dann seinen Schläger unterhalb des

Schlägers seines Partners vorwärts aufwärts weit in die Schlagrichtung.
Die gleiche Übung aber mit Ball.
Der Partner steht ca. 1,50 m vor dem Übenden und läßt mit gestrecktem Arm den Ball so aus der Hand fallen, daß der Übende nach der Ausholbewegung über den Schläger des Partners den Ball mit einer Schlagbewegung unterhalb dieses Schlägers mit Rückhand wegschlagen kann.
Der Lehrer wirft dem Übenden die Bälle vor die rechte Fußspitze und der Übende schlägt den vom Boden hochspringenden Ball weg.
Der Partner wirft dem Übenden Bälle aus kurzer Entfernung zu, die dieser mit Rückhand nach vorne weg (zuerst am besten gegen die Umzäunung, später über das Netz) schlagen muß.
Der Partner wirft dem auf der Aufschlaglinie entlanglaufenden Übenden die Bälle so zu, daß dieser sie mit Rückhand über das Netz schlagen kann.

Zielübungen
Rückhandschläge gegen die Wand.
Zuschlagen des Balles durch Lehrer, Partner oder Ballmaschine, wobei die Entfernung langsam vergrößert wird.

Lernerfolgskontrolle
Überprüfung der Grobform der Bewegung anhand folgender Kontrollpunkte:
Wendepunkt der Schleife neben der linken Körperseite.
Streckung des rechten Ellenbogens schon in der Ausholbewegung.
Treffpunkt in Schlagrichtung vor der rechten Hüfte.
Ende der Ausschwungbewegung seitlich vor der rechten Schulter.
Der Oberkörper zeigt nach dem Schwung frontal zum Netz.
Überprüfen des Bewegungsflusses von der Ausholbewegung über die Schlagbewegung bis zur Ausschwungbewegung.

Häufige Fehler
- Zu hohe Ausholbewegung — der Unterarm des rechten Armes wird während der Ausholbewegung in die Senkrechte angehoben.
- Ellenbogen während der Ausholbewegung zu weit vom Körper.

Die beidhändige Rückhand

- Der Ellenbogen und der Oberarm des rechten Armes werden beim Ausholen nicht weit genug zurückgeführt.
- Der Oberkörper bleibt beim Ausholen frontal oder wird nur seitlich gedreht.
- Pause zwischen Aushol- und Schlagbewegung.
- Der linke Ellenbogen wird vor dem Treffpunkt nicht gestreckt.
- Die Handgelenke sind unbeweglich.
- Der Ball wird zu spät erst vor der linken Hüfte getroffen.
- Nach dem Treffpunkt bleibt der Oberkörper in seitlicher Stellung.
- Der erste Schritt aus der Ausgangsstellung wird mit dem rechten Fuß gemacht, wobei das Gewicht vorzeitig auf diesen übertragen wird.
- Das Körpergewicht wird schon vor der Schlagbewegung voll auf den rechten Fuß verlagert.
- Das Körpergewicht wird während der Schlagbewegung auf dem linken Fuß belassen.
- Der Abstand zum Ball ist zu weit, der Oberkörper muß sich zu weit nach vorne neigen.

Fehlerkorrektur
- Bei fehlerhafter Schleife Korrektur durch »zwingende Situation«.
- Praktische Hilfestellung durch Führenlassen des Armes.
- Übungen vor dem Spiegel.
- Verbale Korrektur und Demonstration.
- Ausgleichsgymnastik und weitere Wiederholung von Vorübungen.

Taktische Anwendung
Gegenüber der einhändigen Rückhand ergeben sich hier folgende Nachteile:
Die Reichweite ist geringer und der Laufweg größer.
Der Bewegungsumfang sowie die Variationsmöglichkeiten sind eingeschränkt.
Die beidhändige Rückhand hat folgende große Vorteile:
Durch die geringen Abweichungsmöglichkeiten bei der Schlagausführung ist diese Art der Rückhand sehr sicher.
Man kann sie verdeckt schlagen.
Sie kann auch als Lift, Topspin, Slice und Chop gespielt werden mit den entsprechenden Bewegungsabläufen dieser Spezialschläge.

Die Beinarbeit

Zu den beschriebenen Bewegungsabläufen der Grund- und Spezialschläge gehören die entsprechende Beinarbeit und Gewichtsverlagerung. Da das heutige Tennisspiel schneller und variantenreicher ist als früher, hat sich auch die Beinarbeit dieser Entwicklung angepaßt.

Schlagen aus dem Stand

Aus der Seitstellung

Aus der Ausgangsstellung wird der Körper bei gleichzeitiger Ausholbewegung bei Vorhand in die rechte, bei Rückhand in die linke Seitstellung gedreht, wobei das Gewicht kurz auf den vom Treffpunkt weiter entfernt befindlichen Fuß verlagert wird. Anschließend macht der zum Treffpunkt näher befindliche Fuß einen kleinen Schritt nach rechts bzw. nach links, die Beine beugen sich in den Knien, das Körpergewicht wird auf diesen Fuß verlagert. Der vom Treffpunkt weiter entfernt befindliche Fuß wird dem ankommenden Ball entgegen in Schlagrichtung vorgesetzt. Das Körpergewicht wird dann während der Schlagbewegung auf diesen Fuß verlagert, wobei sich die Beine in den Knien strecken.
Der Schlag aus dem Stand in seitlicher Stellung ist präziser und sicherer als Schläge aus dem Lauf und anderen Stellungen.

Aus der offenen Stellung

Die Ausholbewegung erfolgt in der frontalen Stellung. Die Beine bleiben stehen, nur der Oberkörper dreht sich aus der Hüfte während des Anschrittes des zum Ball näherbefindlichen Fußes seitlich und das Körpergewicht wird auf diesen Fuß verlagert (bei der Vorhand auf den rechten, bei der Rückhand auf den linken Fuß). Gleichzeitig mit der Schlagbewegung verlagert sich das Gewicht auf den vom Treffpunkt weiter entfernt befindlichen Fuß. Unter Umständen wird dieser Fuß während der Schlagbewegung etwas vorgesetzt.

S. Smith schlägt eine Vorhand aus der offenen Stellung.

Der Schlag aus der offenen Stellung wird häufig beim Aufschlagreturn zwangsläufig angewendet, weil keine Zeit für eine normale Beinarbeit bleibt.

Auch bei einem Schlag weit seitlich kommt es oft zu einer absichtlichen Anwendung der offenen Stellung, weil durch das Abbremsen des rechten Fußes bei der Vorhand und des linken bei der Rückhand das Zurücklaufen zur Spielfeldmitte und das Decken des Platzes schneller möglich sind.

Die offene Stellung wird häufiger auf der Vorhand- als auf der Rückhandseite angewendet.

Schlagen aus dem Laufen

Ausgangspunkt zu jeder Art des Schlages sowie zum Laufen in jeder Richtung und Entfernung ist praktisch die Ausgangsstellung (siehe Begriffserklärung S. 11); man nennt sie auch Drehscheibenposition. Die Drehscheibenposition kann an jeder beliebigen Stelle des Platzes eingenommen werden. Praktisch soll nach jedem Schlag, wenn es zeitlich möglich ist, aus dieser Position zu einem neuen Schlag gestartet werden. Die Drehscheibenposition ermöglicht einen sofortigen Start in alle Richtungen.

Eine Rückhand aus der offenen Stellung von dem französischen Tennisspieler Jauffret.

1   2   3   4   5

Eine ausgelaufene Vorhand von S. Smith: Der linke Fuß bewegt sich während der Schlagbewegung in die Schlagrichtung (Bild 3—6) und tritt erst zum Ende des Ausschwungs voll auf (Bild 7). Ohne Unterbrechung läuft der Spieler dann weiter zum Netz (Bild 8—10).

J. Kodes beim Auslaufen eines Rückhand-Slice. Diese Bildreihe zeigt den großen Körpereinsatz während des Schlages. Der Spieler geht mit dem linken Fuß während der Ausholbewegung dem Ball entgegen (Bild 1). Am Anfang der Schlagbewegung (Bild 2) wird erst der rechte Fuß vorwärts gebracht, im Treffpunkt ist er in der Höhe des linken Fußes angelangt und tritt erst im Ausschwung des Schlägers voll auf (Bild 6).

Durch gute Lauftechnik soll man auf kürzestem und schnellstem Wege aus der Drehscheibenposition den günstigsten Treffpunkt erreichen. Der Start nach rechts erfolgt durch das Abstoßen vom linken, der Start nach links durch Abstoßen vom rechten Fuß, d. h. daß der erste Schritt nach rechts mit dem rechten und nach links mit dem linken Fuß gemacht wird. Mit zunehmender Erfahrung und Spielfertigkeit und daraus resultierendem Abschätzungsvermögen, paßt man den Start sowie die Zahl und Größe der Schritte der gegebenen Situation instinktiv an. In der Regel soll man aber immer mit einer geraden Zahl von Schritten auskommen.

Beim Vorlaufen muß der Körper vor dem Treffen des Balles in eine seitliche Stellung und in die richtige Entfernung zum Treffpunkt gebracht werden. Das geschieht durch Drehen des Körpers bei der Vorhand nach rechts, bei der Rückhand nach links und durch Ein-

1   2   3   4

6   7   8   9   10

fügen sogenannter »Kreuzschritte«, auch »Tangoschritte« genannt oder durch Nachstellschritte.

Die Bewegung vorwärts wird während der Schlagbewegung nicht abgebrochen, sondern der hintere Fuß wird hinter dem vorderen vorbei nach vorn gesetzt (beim »Tangoschritt) oder an diesem normal vorbeigezogen (beim ausgelaufenen Schlag). Das verlorene Gleichgewicht des Körpers wird wieder hergestellt. Anschließend läuft man je nach Situation in der augenblicklichen Richtung (meist zum Netz) weiter durch. Diesen Schlag wendet man vor allem beim Drive oder Topspin auf der Vorhandseite sowie beim Slice auf der Rückhandseite an.

Beim seitlichen Laufen entfallen die Kreuzschritte und die Drehung in die Seitstellung. Kurze Entfernungen zum Treffpunkt überbrückt man mit »Sidesteps« (das sind seitliche Wechselschritte). Die Schlag-

5   6   7   8

| 1 | 2 | 3 | 4 | 5 | 6 | 7 |

technik entspricht der des Schlages aus dem Vorlaufen.

Der Schlag aus dem Laufen hat folgende Vorteile:
a) fließende Schlagbewegung ohne Laufunterbrechung
b) großer Körpereinsatz
c) die Führungsstrecke des Schlägers in die Schlagrichtung vor und nach dem Treffpunkt vergrößert sich
d) gute Ausweichmöglichkeiten bei versprungenen Bällen, da der vordere Fuß erst nach dem Treffen des Balles aufgesetzt wird
e) bei größerer Geschwindigkeit und auf allen schnellen Plätzen (Rasen, Beton, Asphalt, Parkett usw.) wäre ein Abstoppen durch Rutschen nicht möglich.

Dieser Schlag kann sich aber bei Unerfahrenen oder technisch schlechten Spielern negativ auf Sicherheit oder Präzision auswirken.

Schlagen von Bällen aus der Halbdistanz

Der Start erfolgt aus der Drehscheibenposition mit dem zum Treffpunkt näher befindlichen Fuß. Die Zahl sowie die Größe der einzelnen Schritte müssen so gewählt werden, daß man mit dem hinteren Fuß (rechten bei der Vorhand, linken bei der Rückhand) die Schrittfolge beendet und die ideale Schlagposition einnimmt. Das ist rela-

8

Rückhand-Slice von U. Pinner mit »Tangoschritt« ausgelaufen.

tiv einfach, da man beim Erreichen eines Balles auf Halbdistanz keine große Laufgeschwindigkeit entwickelt und man nicht in Zeitnot ist.

Das Vorsetzen des vorderen Fußes (linken bei der Vorhand, rechten bei der Rückhand) und Verlagern des Körpergewichtes auf diesen Fuß erfolgt am Anfang und während der Schlagbewegung.

Nach dem Schlag nimmt man wiederum die Drehscheibenposition ein, indem man den rechten Fuß bei Vorhand und den linken bei der Rückhand in die Grätschstellung nach vorne bringt. Der Start zu einem neuen Schlag wiederholt sich in der Art wie oben beschrieben.

Schlagen von Bällen in weiter Distanz

Der Start erfolgt wiederum aus der Drehscheibenposition in der Art wie bei Schlägen in Halbdistanz. Für das Erreichen eines Balles mit langem Anlauf entwickelt der Körper in der Regel eine hohe Laufgeschwindigkeit. Man kann in Einzelfällen von einem Sprint sprechen. Ein völliges Abbremsen und anschließendes In-Stellung-Gehen für einen Schlag aus der Seitstellung ist in den meisten Fällen schwierig und aus Zeitgründen kaum durchführbar. Man würde über den vorderen Fuß sowie über den Treffpunkt hinausgetragen, so daß der Schlag nicht in ausgewogener Stellung geschlagen werden könnte. Daher wendet man entweder die Form des Schlages aus dem Lauf oder aus der offenen Stellung an. Den Schlag aus dem Lauf vor allem dann, wenn man sich in Richtung Netz bewegt. Man läuft den Schlag aus und setzt die Bewegung ohne Unterbrechung zum Netz fort.

Den Schlag aus der offenen Stellung wendet man an, wenn man weit seitwärts parallel zur Grundlinie laufen muß oder in Zeitnot ist. Man bremst voll mit dem rechten Fuß bei der Vorhand oder dem linken bei der Rückhand ab, zieht den anderen Fuß aber nicht mehr nach und stellt ihn nicht mehr nach vorn, sondern schlägt aus der offenen Stellung, die der Drehscheibenposition fast gleich kommt. Dadurch erreicht man eine stabile und ausgewogene Körperstellung im Schlag sowie eine gute Startposition zur Rückkehr.

Man sollte aber die Laufgeschwindigkeit möglichst so anpassen, daß man in einer korrekten Stellung schlagen kann. Deswegen soll der Start rechtzeitig erfolgen und der erste Teil der Laufstrecke mit schnellen kleinen Schritten überwunden werden, damit man Zeit hat, in dem letzten Teil der Laufstrecke die Schrittlänge sowie die Geschwindigkeit dem vorgesehenen Treffpunkt anzupassen.

Rückkehr zum Ausgangspunkt

Aus der Drehscheibenposition, die man unmittelbar nach dem Schlag eingenommen hat, bewegt man sich zum Ausgangspunkt in der Mitte des Platzes vor allem durch Sidesteps oder Kreuzschritte.
Nur wenn man erkannt hat, daß der Gegner einen schnellen Ball vor allem durch einen Flugball in die andere Ecke spielen will, wendet man wiederum die normale Lauftechnik des Sprints an.

Der Spieler nimmt nach dem Schlag die Grundstellung ein (Bild 3) und kehrt durch Sidestep zur Mitte zurück.

Decken des Platzes

Der günstigste Ausgangspunkt zur idealen Deckung des Platzes ist in der Mitte der Grundlinie oder beim Flugball ungefähr 1,50 m vor der Aufschlaglinie zum Netz hin in der Mitte des Platzes (Abb. 1a; 1b). Es gibt aber Situationen, in denen sich dieser Ausgangspunkt verschieben kann (Abb. 2a; 2b oder 3a; 3b). Für diese Situationen gilt eine einfache Regel: Man soll den Ball immer so erwarten, daß man ungefähr in der Mitte des Winkels steht, der durch die äußersten Punkte im Feld festgelegt wird, welche der Gegner durch seine Stellung im eigenen Feld unter Berücksichtigung der Netzhöhe gerade noch anspielen kann.

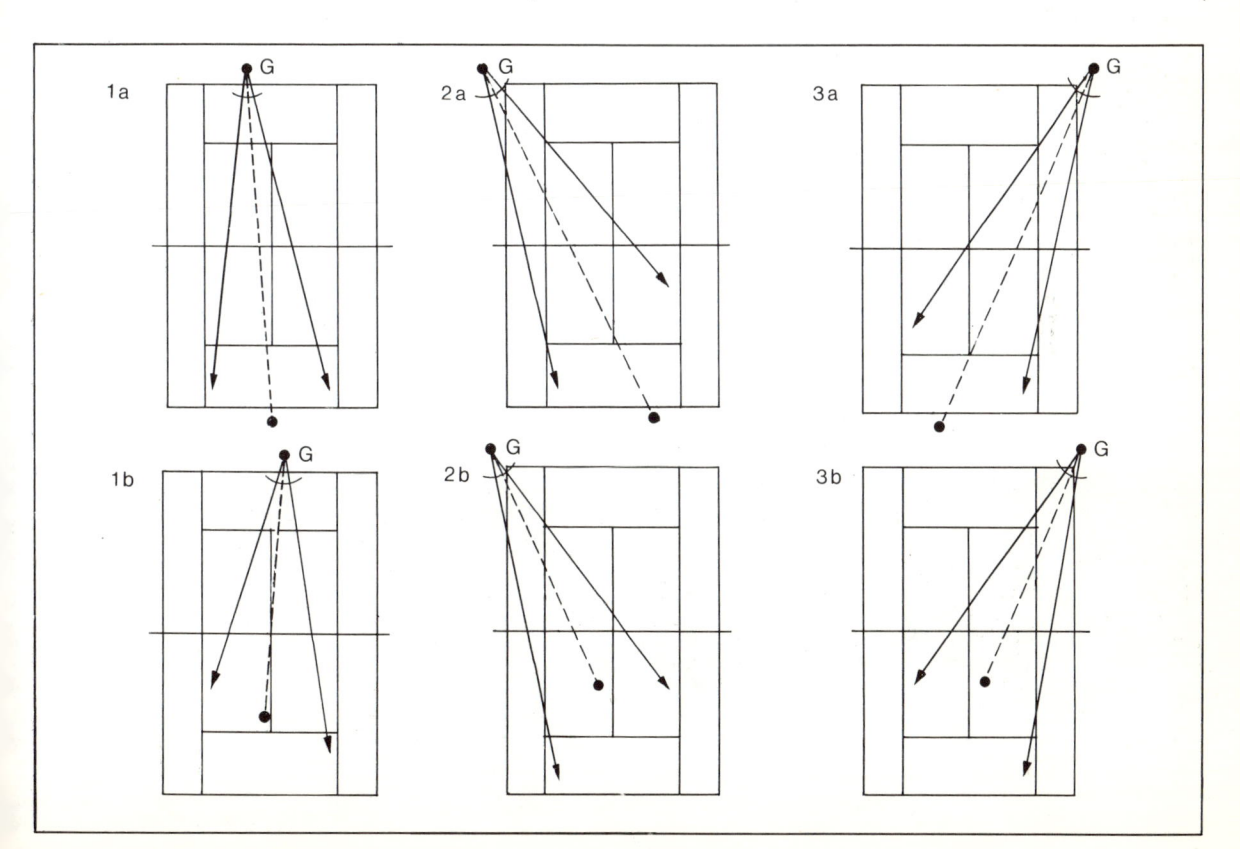

S. Smith weicht einem langen Ball nach hinten aus.

Schlagen im Rücklaufen

Diese Schlagart ist nur in Notsituationen üblich, und zwar dann, wenn man durch einen langen Ball des Gegners aus der Ausgangsposition zurückgedrängt wird.

Man sollte versuchen, vor dem Schlag so schnell auszuweichen, daß man aus festem Stand schlagen kann. Bei gleichzeitiger Ausholbewegung weicht man mit dem hinteren Fuß nach hinten aus. Das Gewicht wird auf diesen Fuß verlagert. Während des Schlages wird das Gewicht auf den vorderen Fuß übertragen. Der vordere Fuß tritt während der Schlagbewegung oder kurz danach voll auf. Es ist praktisch ein Schlag mit der Beinarbeit des Schlages aus dem Lauf in der Position eines Schlages aus dem Stand.

Wenn die Zeit dafür nicht vorhanden ist und man den Ball im Rücklaufen schlagen muß, sollte man versuchen, den Schlag mit dem Gewicht auf dem rechten Fuß bei der Vorhand und dem linken Fuß bei

Ein Ausweichmanöver bei einem Rückhand-Return. Der Ball kommt dem Spieler (I. Nastase) direkt auf den Körper. Aus der Ausgangsposition wird der zum Ball näher stehende Fuß (in diesem Fall der linke) zurückgezogen (Bild 3 bis 9). Dadurch kommt der Körper in die seitliche Stellung und man kann den Ball mit ideal gestrecktem Arm schlagen (Bild 5 bis 6).

5   4   3   2   1

der Rückhand durchzuführen, so daß der vordere Fuß erst nach dem Schlag in der Bewegung rückwärts fortschreitet. Dadurch unterbricht man für den Augenblick des Balltreffens die Körperbewegung rückwärts, so daß mit mehr Kraft geschlagen werden kann. Außerdem kommt es nicht zu einer verkrampften und unnatürlichen Drehung der Hüfte.

Schlagen eines Balles, der auf den Körper kommt

Einem direkt auf den Körper zukommenden Ball weicht man so aus, daß man während der Ausholbewegung mit dem sich zum Treffpunkt näher befindlichen Fuß zurücktritt. Dadurch kommt der Oberkörper in eine seitliche Stellung und in die richtige Entfernung zum Ball, so daß mit normal durchgestrecktem Arm geschlagen werden kann. Während der Schlagbewegung wird das Körpergewicht auf den vorderen Fuß verlagert.

6   7   8   9   10

Ein tief geschlagener Rückhand-Topspin.

Schlagen von tiefen Bällen

Je tiefer der Treffpunkt liegt, desto mehr muß man vor dem Schlag in die Knie gehen und den Oberkörper nach vorne neigen. Es empfiehlt sich in diesem Fall, den Schlagschritt mit dem vorderen Fuß länger zu machen. Das Schienbein des hinteren Beines liegt beim Schlag fast parallel zum Boden. Während der Schlagbewegung werden die Beine durchgestreckt und der Oberkörper richtet sich auf.

K. Meiler bei einem hohen Vorhand-Drive.

Schlagen von hohen Bällen

Bei hohen Bällen, ungefähr von der Schulterhöhe ab aufwärts, müssen die Beine schon vor dem Schlag durchgestreckt werden. Der Oberkörper ist voll aufgerichtet. Ansonsten gelten die Regeln für einen normalen Schlag. In extremen Fällen werden hohe Bälle im Sprung geschlagen, indem man sich beim Schlagen mit dem hinteren Fuß abstößt.

Anhang
Die Spielregeln des Deutschen Tennis Bundes e.V.

Einzelspiel

Reg. 1: Spielfeld, Maße, Ausrüstung

Das Spielfeld bildet ein Rechteck von 23,77 m Länge und 8,23 m Breite. Es wird in der Mitte durch ein Netz in zwei Hälften geteilt, welches an einem Seil oder Metallkabel (Maximaldurchmesser 8,5 mm) aufgehängt ist. Die Enden des Seiles oder des Metallkabels sind am oberen Teil von zwei Pfosten von 1,06 m Höhe befestigt oder darüber hinweggeführt; die Pfosten befinden sich auf jeder Seite 0,915 m außerhalb der Seitenlinien. Die Höhe des Netzes beträgt in der Mitte 0,915 m, wo es durch einen Netzhalter (Gurt oder Riemen) niedergehalten wird, der nicht mehr als 5 cm breit sein darf. Das Seil oder Metallkabel sowie der obere Teil des Netzes ist durch ein Band (Netzeinfassung) eingefaßt, welches auf beiden Seiten des Netzes nicht schmäler als 5 cm und nicht breiter als 6,3 cm sein darf.

Die Linien, welche das Spielfeld an den Enden und Seiten begrenzen, werden entsprechend als Grundlinien und Seitenlinien bezeichnet. Auf beiden Seiten des Netzes, je in einem Abstand von 6,40 m und parallel zu dem Netz, werden die als Aufschlaglinien bezeichneten Linien gezogen. Der von dem Netz, der Aufschlaglinie und den Seitenlinien begrenzte Raum wird durch die Aufschlagmittellinie in zwei gleiche Teile geteilt, welche Aufschlagfelder genannt werden. Die Aufschlagmittellinie muß 5 cm breit sein und wird parallel zu den Seitenlinien gezogen.

Jede Grundlinie wird durch eine als Fortsetzung der Aufschlagmittellinie gedachte, 10 cm lange und 5 cm breite Linie, genannt das Mittelzeichen, in zwei Hälften geteilt. Das Mittelzeichen wird innerhalb des Spielfeldes im rechten Winkel zur Grundlinie und in Verbindung mit derselben gezogen. Alle übrigen Linien sollen nicht weniger als 2,5 cm und nicht mehr als 5 cm breit sein, ausgenommen die Grundlinie, die 10 cm breit sein darf. Alle Maße müssen von der äußeren Seite der Linien gemessen werden.

Anmerkung: Für die Internationale Tennismeisterschaft (Davis-Cup), jede andere offizielle Meisterschaft des Internationalen Lawn Tennis Verbandes, alle allgemeinen Turniere sowie bei allen Veranstaltungen nach §§ 3 und 4 der Wettspielordnung des Deutschen Tennis Bundes darf der Auslauf hinter jeder Grundlinie nicht weniger als 6,40 m und an den beiden Seiten nicht weniger als 3,66 m breit sein.

Reg. 2: Ständige Einrichtungen

Als ständige Einrichtungen des Platzes gelten nicht nur das Netz, die Pfosten, das Seil oder Metallkabel, die Netzeinfassung und der Netzhalter, sondern auch, sofern vorhanden, die hintere und seitliche Einzäunung, die Tribünen, feste oder bewegliche Sitze und Stühle rund um das Spielfeld mitsamt deren Inhabern sowie alle anderen festen Einrichtungen ringsum oder über dem Spielfeld. Das gleiche trifft auch für den Schiedsrichter, die Linienrichter, Fußfehlerrichter, Netzrichter und Balljungen zu, sofern sie sich auf ihren entsprechenden Plätzen befinden.

Anmerkung: Im Sinne dieser Regel schließt das Wort »Schiedsrichter« außer diesem auch diejenigen Personen ein, welche ihm als dafür bestimmte Helfer bei der Durchführung des Spiels behilflich sind und Personen, die zu einem Sitz auf dem Platz berechtigt sind.

Reg. 3: Bälle

Die äußere Hülle des Balles muß glatt und nahtlos sein und weiß oder gelb. Der Durchmesser des Balles darf nicht weniger als 6,35 cm und nicht mehr als 6,67 cm, das Gewicht nicht weniger als 56,70 Gramm und nicht mehr als 58,47 Gramm betragen. Der Ball muß eine Mindestsprunghöhe von 1,35 m und eine höchste Sprunghöhe von 1,47 m haben, wenn er aus einer Höhe von 2,54 m auf eine harte Unterlage fallen gelassen wird. Der Ball soll eine Auf-Deformation von wenigstens 0,56 cm und nicht mehr als 0,74 cm haben wie andererseits eine Rück-Deformation von nicht weniger als 0,89 cm und nicht mehr als 1,08 cm aufweisen bei einem Druck von 8,165 kg. Die beiden Deformationen sollen die Durchschnittsergebnisse von drei einzelnen Längsachsen des Balles sein, von denen keine zwei in jedem Fall mehr als 0,08 cm differieren dürfen. Alle Tests für Sprung, Format und Deformation sollen in Übereinstimmung mit den Bestimmungen des Anhanges hierzu erfolgen.

Reg. 4: Aufschläger, Rückschläger

Die Spieler stellen sich auf den gegenüberliegenden Seiten des Netzes auf. Der Spieler, der den Ball zuerst aufschlägt, heißt Aufschläger (Server), der andere Rückschläger (Receiver).

Reg. 5: Aufschlagwahl, Seitenwahl

Die Seitenwahl und die Wahl zwischen Aufschlag und Rückschlag im ersten Spiel werden durch das Los ent-

schieden. Der die Wahl gewinnende Spieler kann wählen oder von seinem Gegner fordern, zu wählen:
a) Das Recht, Aufschläger oder Rückschläger zu sein, in welchem Fall der andere Spieler die Seite wählen soll;
b) Die Seite, in welchem Fall der andere Spieler das Recht wählt, Aufschläger oder Rückschläger zu sein.

Reg. 6: **Aufschlag**

Der Aufschlag ist in folgender Weise auszuführen:
Unmittelbar vor Beginn des Aufschlags muß der Aufschläger mit beiden Füßen in Ruhestellung hinter der Grundlinie (d. h. weiter vom Netz als die Grundlinie), zwischen der gedachten Verlängerung des Mittelzeichens und der Seitenlinie stehen. Der Aufschläger hat nun den Ball mit der Hand in beliebiger Richtung in die Luft zu werfen und denselben mit dem Schläger zu schlagen, bevor er den Boden berührt. Im Augenblick der Berührung des Schlägers mit dem Ball gilt der Aufschlag als erfolgt. Ein Spieler, der nur einen Arm benutzen kann, darf den Ball mit dem Schläger zwecks Aufschlags in die Luft werfen.

Reg. 7: **Fußfehler**

Während des Aufschlags darf der Aufschläger:
a) seine Stellung weder durch Gehen noch durch Laufen verändern;
b) weder mit dem einen noch mit dem anderen Fuß irgendwie das Spielfeld berühren noch sich anders als hinter der Grundlinie innerhalb der gedachten Verlängerung der Mittelmarke und der Seitenlinie befinden.

Anmerkung: Die folgende Erläuterung der Regel 7 wurde von der Internationalen Federation am 9. Juli 1958 wie folgt gebilligt.
zu a): Unbedeutende Bewegungen der Füße, die sich nicht wesentlich auf die Stellung des Aufschlägers, die dieser ursprünglich eingenommen hat, auswirken, sollen nicht als »Veränderung seiner Stellung durch Gehen oder Laufen« angesehen werden.
zu b): unter »Fuß« ist im Sinne dieser Regel das untere Glied der Beine unterhalb der Knöchel zu verstehen.

> *Anmerkung zur Fußfehlerregel:* Entscheidend ist, ob bei den Service-Bewegungen der Standort wesentlich verändert wird. Die Linie darf weder berührt noch überschritten werden. Damit wird es dem Schiedsrichter leichter gemacht, abfällige Regelverstöße von seinem Standort aus zu erken-

nen und sicher zu entscheiden. Trotzdem wird man bei internationalen und wichtigen nationalen Spielen nach wie vor einen Fußfehlerrichter bezeichnen, um den Schiedsrichter und allfällig die Linienrichter von dieser Aufgabe zu entlasten. Jeder Schiedsrichter muß sich darüber klar sein, daß Fußfehler durch Berühren der Linie oder Servieren im Gehen und Laufen ein Fehler ist wie jeder andere.

Reg. 8: **Seitenwechsel beim Aufschlag**

a) Beim Aufschlag hat der Aufschläger abwechselnd hinter der rechten und hinter der linken Hälfte des Platzes zu stehen, beginnend mit der rechten Hälfte in jedem Spiel. Wenn der Aufschlag von einer falschen Hälfte des Spielfeldes aus erfolgt und dieses nicht bemerkt worden ist, so sollen alle aus solchem Aufschlag oder solchen Aufschlägen resultierenden Ergebnisse bestehen bleiben, jedoch die falsche Handhabung von da an, wo sie bemerkt wurde, sofort berichtigt werden.
b) Der Aufschlagball muß das Netz überfliegen und den Boden innerhalb des schräg gegenüberliegenden Aufschlagfeldes oder eine der Linien berühren, die dieses Feld begrenzen, bevor der Rückschläger den Ball zurückschlägt.

Reg. 9: **Aufschlagfehler**

Der Aufschlag gilt als Fehler:
a) wenn der Aufschläger gegen eine der Regeln 6, 7 oder 8 verstößt;
b) wenn er den Ball bei dem Versuch, ihn zu schlagen, verfehlt;
c) wenn der Aufschlagball, bevor er den Boden berührt, eine der festen Einrichtungen des Platzes trifft, mit Ausnahme des Netzes, der Netzeinfassung oder des Netzhalters.

Reg. 10: **Zweiter Aufschlagball**

Nach einem Fehler (wenn es der erste ist) hat der Aufschläger das Recht auf einen weiteren Aufschlag von derselben Seite des Platzes aus, wo er den ersten geschlagen hat, ausgenommen, der Aufschlag war von der falschen Seite aus erfolgt. In Übereinstimmung mit Reg. 8 soll der Aufschläger dann das Recht auf nur einen Aufschlagball von der anderen Seite (Hälfte) aus haben. Nachdem der nächste Aufschlag erfolgt ist, kann ein früherer Fehler nicht mehr geltend gemacht werden.

Reg. 11: **Spielbereitschaft**

Der Aufschläger darf nicht servieren, bevor der Rückschläger bereit ist. Versucht der Rückschläger, den Aufschlagball zurückzugeben, so gilt er als spielbereit. Gibt hingegen der Rückschläger zu erkennen, daß er nicht bereit ist, so kann er keinen Aufschlagfehler geltend machen, wenn der Ball nicht den Boden innerhalb des für den Aufschlag bestimmten Feldes berührt hat.

Reg. 12: **Wiederholungen**

In allen Fällen, wo die Wiederholung eines Balles gemäß den Regeln oder eine Unterbrechung des Spiels zugestanden wird, soll folgende Handhabung gelten:
a) wenn die Entscheidung lediglich in bezug auf den Aufschlag erfolgt, soll nur ein Aufschlagball nachgespielt werden;
b) erfolgt die Entscheidung in bezug auf irgendwelche anderen Umstände, soll der Punkt wiederholt werden.

Reg. 13: **Ungültiger Aufschlag**

Der Aufschlag ist zu wiederholen:
a) wenn der aufgeschlagene Ball das Netz, die Netzeinfassung oder den Netzhalter berührt, vorausgesetzt, daß er sonst richtig fällt, oder — bevor er den Boden berührt — nach Berührung des Netzes, der Netzeinfassung oder des Netzhalters den Rückschläger oder irgend etwas trifft, was dieser an sich hat oder trägt.
b) wenn der Aufschlag (ob er nun gut oder schlecht ausfällt) ausgeführt worden ist, bevor der Rückschläger bereit war (s. Reg. 11). Im Falle eines Netzballes zählt der Aufschlag nicht, und der Aufschläger muß ihn nochmals wiederholen; durch eine solche Wiederholung wird aber ein vorhergegangener Aufschlagfehler nicht annulliert.

Reg. 14: **Aufschlagwechsel**

Nach Beendigung des ersten Spiels wird der Rückschläger zum Aufschläger und der Aufschläger zum Rückschläger und so fort, abwechslungsweise für alle nachfolgenden Spiele einer Partie. Schlägt ein Spieler in falscher Reihenfolge auf, so soll derjenige Spieler, der an der Reihe des Aufschlags gewesen wäre, aufschlagen, sobald das Versehen festgestellt ist; alle vor dieser Feststellung gespielten Punkte bleiben gültig. Ist ein Spiel bereits beendet, bevor der Irrtum entdeckt wurde, so bleibt die veränderte Aufschlagordnung bestehen, aber ein vor der Entdeckung geschlagener Aufschlagfehler soll nicht zählen.

Reg. 15: **Ball im Spiel**

Ein Ball ist im Spiele, sobald er aufgeschlagen ist, ausgenommen bei einem Aufschlagfehler oder einem zu wiederholenden Aufschlag, und bleibt im Spiel, bis der Punkt entschieden ist.

Reg. 16: **Punkt für den Aufschläger**

Der Aufschläger gewinnt den Punkt:
a) wenn der aufgeschlagene Ball, soweit er kein Wiederholungsball nach Regel 13 ist, den Rückschläger oder irgendeinen Gegenstand, den dieser trägt oder hält, berührt, bevor er den Boden trifft;
b) wenn der Rückschläger den Punkt auf andere Weise gemäß Reg. 18 verliert.

Reg. 17: **Punkt für den Rückschläger**

Der Rückschläger gewinnt den Punkt:
a) wenn der Aufschläger zwei aufeinanderfolgende Aufschlagfehler macht;
b) wenn der Aufschläger auf andere Weise gemäß Reg. 18 den Punkt verliert.

Reg. 18: **Punktverlust**

Ein Spieler verliert den Punkt:
a) wenn er den im Spiel befindlichen Ball nicht direkt über das Netz zurückschlägt, bevor dieser den Boden zweimal hintereinander berührt hat (ausgenommen die Fälle nach Reg. 22 a oder c);
b) wenn er den im Spiel befindlichen Ball so zurückschlägt, daß dieser den Boden, eine ständige Einrichtung oder einen anderen Gegenstand außerhalb derjenigen Linien trifft, welche das Spielfeld des Gegners begrenzen (ausgenommen die Fälle nach Reg. 22 a und c);
c) wenn er den Ball im Fluge nimmt und einen Fehler macht, gleich ob er außerhalb des Spielfeldes steht;
d) wenn er den im Spiel befindlichen Ball mehr als einmal mit seinem Schläger berührt oder schlägt;
e) wenn er oder sein Schläger (gleichgültig, ob er diesen in der Hand trägt oder nicht) oder irgend etwas, das er an sich hat oder trägt oder hält, das Netz, die Pfo-

sten, das Seil oder Metallkabel, die Netzeinfassung, den Netzhalter oder den Boden im Spielfeld seines Gegners berühren, während der Ball im Spiel ist;
f) wenn er den Ball als Flugball nimmt, bevor dieser das Netz überflogen hat;
g) wenn der im Spiel befindliche Ball ihn oder irgend etwas, das er an sich hat oder trägt, berührt, ausgenommen den Schläger in seiner Hand oder in seinen Händen;
h) wenn er seinen Schläger nach dem Ball wirft und den Ball berührt.

Reg. 19: **Behinderung des Gegners**

Wenn ein Spieler, bewußt oder unwillkürlich, eine Handlung begeht, die nach der Auffassung des Schiedsrichters den Gegner bei der Ausführung des Schlages hindert, muß der Schiedsrichter im ersten Fall den Punkt dem Gegner zusprechen, im zweiten Fall den Punkt wiederholen lassen.

Reg. 20: **Linienball**

Fällt der Ball auf eine Linie, so gilt er als auf das von der Linie begrenzte Spielfeld gefallen.

Reg. 21: **Berührung einer ständigen Einrichtung**

Berührt der im Spiel befindliche Ball eine ständige Einrichtung des Platzes (außer Netz, Pfosten, Seil oder Metallkabel, Netzeinfassung oder Netzhalter), nachdem er den Boden getroffen hat, so gewinnt der Spieler, der ihn geschlagen hat, den Punkt, während, bevor er den Boden getroffen hat, der Gegner den Punkt gewinnt.

Reg. 22: **Guter Rückschlag**

Die Rückgabe des Balles gilt als gut:
a) wenn der Ball das Netz, die Pfosten, das Seil oder Metallkabel, die Netzeinfassung oder den Netzhalter berührt, vorausgesetzt, daß er oberhalb derselben passiert und den Boden innerhalb des Spielfeldes trifft;
b) wenn der aufgeschlagene oder zurückgegebene Ball den Boden innerhalb des richtigen Spielfeldes trifft und über das Netz zurückspringt oder zurückgeweht wird, und der Spieler, welcher zum Schlagen an der Reihe ist, über das Netz reicht und den Ball spielt, vorausgesetzt, daß weder er selbst noch irgendein Teil seiner Kleidung oder sein Schläger das Netz, die Pfosten, das Seil oder Metallkabel, die Netzeinfassung oder den Netzhalter oder den Boden innerhalb des Spielfeldes seines Gegners berührt und vorausgesetzt, daß der Schlag in jeder anderen Hinsicht gültig ist;
c) wenn der Ball an der Außenseite des Pfostens vorbei zurückgeschlagen wird, sei es über oder unter der oberen Kante des Netzes, selbst wenn er den Pfosten berührt, vorausgesetzt, daß er den Boden des richtigen Spielfeldes trifft;
d) wenn der Spieler mit seinem Schläger über das Netz reicht, nachdem er den Ball zurückgeschlagen hat, vorausgesetzt, daß der Ball das Netz überflogen hatte, ehe er geschlagen wurde und auch sonst ordnungsgemäß zurückgeschlagen wird;
e) wenn es einem Spieler gelingt, den Aufschlagball oder den im Spiel befindlichen Ball zurückzuschlagen, nachdem dieser einen anderen im Spielfelde liegenden Ball getroffen hat.

Anmerkung zu Regel 22: In einem Einzelspiel, welches aus Bequemlichkeitsgründen auf einem für das Doppelspiel hergerichteten Platz stattfindet, welcher aus diesem Grunde für das Einzelspiel mit Einzelpfosten versehen ist, gelten die Pfosten für das Doppelspiel sowie derjenige Teil des Netzes, des Seils oder Metallkabels und der Netzeinfassung, der sich außerhalb der Pfosten für das Einzelspiel befindet, immer als ständige Einrichtung und sind nicht als Teile des Netzes oder als Pfosten eines Einzelspiels zu betrachten.
Ein Rückschlag, der unter dem Netzseil oder Metallkabel zwischen den Einzel- und den dazugehörenden Doppelpfosten den Ball ohne Berührung des Seils oder Metallkabels, des Netzes noch der Doppelpfosten hindurchspielt und ihn im richtigen Spielfeld den Boden treffen läßt, gilt als gut.

Reg. 23: **Behinderung**

Wird einer der Spieler durch irgend etwas, auf das er keinen Einfluß hat, ausgenommen durch eine der ständigen Einrichtungen des Spielfeldes oder durch eine in der Regel 19 genannten Ausnahmen, im Schlagen behindert, so soll der Punkt nochmals gespielt werden.

Reg. 24: **Zählweise**

Gewinnt ein Spieler den ersten Punkt, so zählt dies 15 zu seinen Gunsten; gewinnt er seinen zweiten Punkt, so zählt dies 30 zu seinen Gunsten; gewinnt er seinen dritten Punkt, so zählt dies 40 zu seinen Gunsten; und der

vierte von einem Spieler gewonnene Punkt ist für ihn gewonnenes Spiel mit folgenden Ausnahmen:
Wenn beide Spieler 3 Punkte gewonnen haben, so wird dies als Ausgleich (deuce oder Einstand) bezeichnet, und der nächste von einem Spieler gewonnene Punkt zählt Vorteil zu seinen Gunsten. Gewinnt derselbe Spieler den nächsten Punkt, gewinnt er das Spiel; gewinnt aber der andere Spieler den nächsten Punkt, so wird der Spielstand wieder mit Einstand bezeichnet und so weiter, bis einer der Spieler die beiden auf Einstand folgenden Punkte hintereinander gewinnt, in welchem Falle er das Spiel gewonnen hat.

Reg. 25: **Satzgewinn**

Ein Spieler (oder die Spieler), welcher zuerst sechs Spiele gewinnt, hat den Satz gewonnen, ausgenommen, daß er mit einem Unterschied von zwei Spielen mehr, als sein Gegner hat, gewinnen muß und notfalls jeder Satz so lange gespielt werden muß, bis dieser Unterschied erreicht ist.

Reg. 26: **Seitenwechsel**

Die Spieler wechseln die Seiten nach dem ersten, dritten und jedem folgenden ungeraden Spiel eines jeden Satzes sowie am Ende eines jeden Satzes, außer wenn die Gesamtzahl der Spiele dieses Satzes eine gerade ist, in welchem Falle der Wechsel erst nach dem ersten Spiel des nächsten Satzes stattfindet.

Reg. 27: **Satzhöchstzahl**

Die Höchstzahl der Sätze eines Wettspiels darf fünf, bei Teilnahme von Damen drei betragen.

Reg. 28: **Damen**

Soweit nicht ausdrücklich anders bestimmt wird, ist in diesen Regeln überall da, wo vom männlichen Geschlecht die Rede ist, auch das weibliche Geschlecht inbegriffen.

Reg. 29: **Schiedsrichter, Oberschiedsrichter**

In Wettspielen, für welche ein Schiedsrichter ernannt ist, ist dessen Entscheidung endgültig; wenn ein Oberschiedsrichter ernannt ist, kann eine Berufung über die Entscheidung des Schiedsrichters in Rechtsfragen bei ihm eingelegt werden; in allen diesen Fällen ist die Entscheidung des Oberschiedsrichters endgültig.

In Spielen, wo dem Schiedsrichter Hilfskräfte beigegeben sind (Linienrichter, Netzrichter, Fußfehlerrichter), sollen deren Entscheidungen in Tatfragen endgültig sein. Falls ein solcher Nebenrichter außerstande ist, zu entscheiden, muß er dieses dem Schiedsrichter unverzüglich anzeigen, welcher dann eine Entscheidung zu treffen hat. Falls der Schiedsrichter außerstande ist, eine Entscheidung in einer Tatfrage zu treffen, soll er auf Wiederholung des Punktes entscheiden.

Nur in Davis-Cup-Matches kann eine Entscheidung eines Hilfsrichters des Schiedsrichters, wenn er außerstande war, eine Entscheidung zu treffen, oder des Schiedsrichters selbst, durch den Oberschiedsrichter geändert werden. Dieser kann auch den Schiedsrichter bevollmächtigen, die Entscheidung des Nebenrichters zu ändern oder zu entscheiden, daß der Punkt wiederholt wird.

Der Oberschiedsrichter kann jederzeit nach seinem Ermessen für ein Wettspiel aufgrund der Dunkelheit, der Witterung oder des Zustandes des Platzes Aufschub eines Matches anordnen. In jedem Fall der Aufschiebung sollen der vorhergehende Spielstand und die vorherige Belegung der Plätze Geltung behalten, ausgenommen daß der Oberschiedsrichter und die Spieler sich einmütig anders einigen.

Reg. 30: **Unterbrechungen**

Es soll vom ersten Aufschlag bis zum Schluß des Wettspiels ohne Unterbrechung gespielt werden mit dem Vorbehalt, daß jeder Spieler nach Beendigung des dritten Satzes oder, wenn Damen mitspielen, des zweiten Satzes das Recht auf eine Ruhepause hat, welche 10 Minuten nicht überschreiten soll. In Ländern, die zwischen 15° nördl. Breite und 15° südl. Breite liegen, soll diese Pause nicht länger als 45 Minuten dauern. Unter Umständen kann die Pause auch weiterhin verlängert und vom Oberschiedsrichter auf die von ihm für notwendig erachtete Dauer ausgedehnt werden, unter Umständen, auf welche die Spieler keinen Einfluß haben, eine solche Unterbrechung notwendig machen. Wenn ein unterbrochenes Wettspiel erst an einem der folgenden Tage beendet wird, darf die Ruhepause erst nach dem dritten an diesem Tage gespielten Satz verlangt werden (und wenn Damen mitspielen, nach dem zweiten Satz); die Beendigung eines begonnenen Satzes zählt als Satz. Diese Bestimmungen sind genau einzuhalten. Ein begonnenes Wettspiel soll niemals unterbrochen, verzögert oder gestört werden, um einen der Spieler ausruhen oder Atem schöpfen oder Anleitungen oder Ratschläge entgegenzunehmen zu lassen. Der Schiedsrichter allein entscheidet über solche Art Unterbrechung oder Verzögerung oder Störung und kann den Schuldigen nach ordnungsgemäßer Verwarnung disqualifizieren.

Anmerkung: a) Jede Nation kann den ersten Vorbehalt der Reg. 30 modifizieren oder aus ihren Bestimmungen für Turniere in ihrem eigenen Lande streichen, soweit es sich nicht um die Internationalen Lawn Tennis Meisterschaften (Davis-Pokal und Federation-Cup) handelt. b) Beim Seitenwechsel soll vom Aufhören des vorhergegangenen Spieles bis zum Bereitsein der Spieler, das nächste Spiel zu beginnen, maximal eine Minute vergehen.

Doppelspiel

Reg. 31
Die obigen Regeln gelten auch für das Doppelspiel mit folgenden Ausnahmen:

Reg. 32: **Ausmaße des Spielfeldes**
Das Spielfeld für das Doppelspiel beträgt in der Breite 10,97 m, d. h. 1,37 m auf jeder Seite mehr als das Spielfeld für das Einzelspiel. Diejenigen Teile der Einzelspielseitenlinien, welche zwischen den beiden Aufschlaglinien liegen, werden Aufschlag-Seitenlinien genannt. In jeder anderen Hinsicht soll das Spielfeld genau die gleiche sein, wie es Regel 1 beschreibt. Diejenigen Teile der Einzelspiel-Seitenlinien, welche zwischen Grundlinie und Aufschlaglinie liegen, können auf beiden Seiten des Netzes fortgelassen werden.

Reg. 33: **Reihenfolge des Aufschlags**
Die Reihenfolge des Aufschlags soll zu Beginn eines jeden Satzes folgendermaßen entschieden werden:
Dasjenige Paar, welches das Recht zum Aufschlag im ersten Spiel eines jeden Satzes hat, soll entscheiden, welcher Partner mit dem Aufschlag beginnen soll. Das gegnerische Paar hat dasselbe zu tun für das zweite Spiel. Der Partner desjenigen Spielers, welcher im ersten Spiel aufschlug, hat im dritten Spiel aufzuschlagen. Der Partner desjenigen Spielers, der im zweiten Spiel aufschlug, hat im vierten Spiel aufzuschlagen und so fort, abwechselnd in dieser Reihenfolge in allen folgenden Spielen eines Satzes.

Reg. 34: **Reihenfolge des Rückschlags**
Die Reihenfolge der Rückschläger bezügl. des Aufschlags soll zu Beginn jeden Satzes folgendermaßen entschieden werden:
Das Paar, welches im ersten Spiel den Aufschlag zurückgeschlagen hat, muß entscheiden, welcher Partner den ersten Aufschlag zum Rückschlag empfängt, und dieser Spieler hat weiterhin während der Dauer des Spiels in jedem ungeraden Spiel während des Satzes den ersten Aufschlag zu empfangen. Das gegnerische Paar soll gleicherweise entscheiden, welcher Partner in dem zweiten Spiel den ersten Aufschlag empfangen und zurückschlagen soll. Diese Reihenfolge hat dann ebenfalls während der Dauer des Satzes, aber in jedem geraden Spiel, unverändert zu bleiben. Die Partner erwarten die Aufschlagbälle das ganze Spiel hindurch abwechselnd.

Reg. 35: **Falsche Reihenfolge beim Aufschlag**
Wenn ein Spieler irrtümlicherweise aufschlägt, ohne daß die Reihe an ihm ist, so soll, sobald der Irrtum entdeckt wird, derjenige Spieler unmittelbar aufschlagen, an dem die Reihe eigentlich gewesen wäre. Die bereits gespielten Punkte und jeder vor der Entdeckung des Irrtums erfolgte Aufschlagfehler werden gerechnet. Wird der Irrtum erst am Ende eines Spiels bemerkt, so soll die veränderte Reihenfolge des Aufschlags beibehalten werden.

Reg. 36: **Falsche Reihenfolge beim Rückschlag**
Wird während eines Spiels die Reihenfolge im Zurückschlagen des Aufschlags von der rückschlagenden Partei geändert, so bleibt diese geänderte Reihenfolge bis zum Ende des Spiels, in dem der Irrtum entdeckt wurde; die Partner müssen aber im nächsten Spiel des Satzes, in welchem sie Rückschläger sind, die ursprüngliche Reihenfolge wieder einhalten.

Reg. 37: **Aufschlagfehler**
Der Aufschlag gilt als Fehler in den Fällen der Regel 9 oder wenn der aufgeschlagene Ball den Partner des Aufschlägers berührt oder irgend etwas, was er trägt oder hält. Wenn jedoch der aufgeschlagene Ball, bevor er den Boden berührt — ausgenommen er ist ein Netzball gem.

Reg. 13 a — den Partner des Rückschlägers oder irgend etwas, was er trägt oder hält, berührt, so gewinnt der Aufschläger den Punkt.

Reg. 38: **Abwechselndes Schlagen der Parteien**

Der Aufschlagball soll abwechselnd von einem der beiden Spieler der gegnerischen Paare geschlagen werden. Wenn ein Spieler in Verletzung dieser Regel den im Spiel befindlichen Ball mit seinem Schläger berührt, so gewinnen seine Gegner den Punkt.

»Tie-Break«-Regel

Die Verbandssportwarte des DTB haben beschlossen, bei allen Turnieren, wo der »Tie-Break« gestattet wird, die Wimbledon-Version zu empfehlen. Dabei ist es gleichgültig, ob der sogenannte »Spiel-Brecher« bei 6:6 oder 8:8 zur Austragung kommt.
Der »Tie-Break« verläuft wie folgt:
»Bei einem Satzstand von 6:6 Spielen gewinnt der Spieler, der zuerst sieben Punkte holt, das 13. Spiel und den Satz unter der Voraussetzung, daß er zwei Punkte Vorsprung erzielt. Kommen beide Spieler auf je sechs Punkte innerhalb des 13. Spiels, wird dieses Spiel so lange fortgesetzt, bis ein Spieler — vom Punktgleichstand aus gerechnet — zwei Punkte hintereinander gewinnt.«
Im Tie-Break-Spiel werden die Punkte numerisch gezählt, also etwa 1:0, 2:0, 2:1, 3:1 usw. Der Spieler, der ohnehin mit dem Aufschlag an der Reihe ist, serviert für den ersten Punkt; sein Gegner schlägt dann zum zweiten und dritten Punkt auf.
Danach haben beide Spieler abwechselnd zweimal hintereinander Aufschlag, bis der Gewinner des Spiels und damit des Satzes feststeht.
Der Aufschlag erfolgt abwechselnd von der rechten und der linken Seite der Grundlinie in fortlaufender Reihenfolge ungeachtet der Aufschlagwechsel. Begonnen wird rechts.
Ein Seitenwechsel ist nach jeweils sechs Punkten und nach Beendigung des Tie-Break-Spiels vorzunehmen.
Das Tie-Break-Spiel wird in bezug auf die Ausgabe neuer Bälle als ein Spiel gewertet.
Der Spieler (beim Doppel: die Spieler), der als erster im Tie-Break-Spiel aufgeschlagen hat, wird Rückschläger im ersten Spiel des folgenden Satzes.
Für das Doppel finden die Bestimmungen des Einzels Anwendung. Der am Aufschlag befindliche Spieler serviert zum ersten Punkt. Dann schlägt jeder Spieler nacheinander zweimal auf, und zwar in der gleichen Reihenfolge wie zuvor im gleichen Satz, bis die Gewinner des Spiels und damit des Satzes ermittelt sind.

Tennis — vom Anfänger zum Könner

Tennis-Lehrplan 1
Holzbrett-Tennis

In informativer Kombination von Text, Bild und Grafik werden die Grundlagen und die Technik zum perfekten Tennisspiel geschaffen. Methodische Hinweise — Begriffe und Symbole — Gewöhnung an Ball und Holzbrett — Schlägerhaltung — Grundschläge — Flugball — Aufschlag — Einzel- und Doppelspiel — Fitness-Training.
70 Seiten, 102 Schwarzweißfotos, 22 Zeichnungen, 3 Tableaus mit 31 Einzeldarstellungen

Tennis-Lehrplan 2
Grundschläge

In informativer Kombination von Text, Grafik und Bildern der weltbesten Tennisspieler werden die Tennis-Grundschläge dargestellt. Vorhand — Rückhand — Flugball — Aufschlag — Schmetterball. Alle Grundschläge werden nach einem erprobten, systematischen Aufbau beschrieben. Die richtige Griffhaltung und Technik ebenso wie die methodischen Vorübungen und Zielübungen, Fehler und Fehlerkorrektur. Dazu die Ausrüstung, Erklärung der Fachausdrücke, Gewöhnungsübungen, Griffarten, taktische Tips und die Zählweise beim Tennis.
2. Auflage, 71 Seiten, 38 Schwarzweißfotos, 22 Bildserien, 20 Zeichnungen

Tennis-Lehrplan 4
Theorie

Der Tennis-Lehrplan 4 befaßt sich mit den wichtigsten theoretischen Grundlagen für Tennisspieler und vor allem für den Tennislehrer. Ein Buch dieser Konzeption gibt es bisher noch nicht in der Tennisliteratur. Ausführlich und verständlich werden alle Details — von der Bewegungslehre bis zur Materialkunde — beschrieben.
Aus dem Inhalt: Technische Fakten des Tennisspiels — Bewegungslehre — Didaktik des Tennisunterrichts — Methodik des Tennisunterrichts — Medien im Tennisunterricht — Sportmedizin und Tennis — Sportverletzungen — Materialkunde — Anhang: Literatur — Tennisregeln — Terminologie.
86 Seiten, 15 Fotos, 52 Zeichnungen

Tennis-Lehrplan 5
Konditionstraining/Trainingslehre in Vorbereitung

BLV Verlagsgesellschaft München

... mehr vom Sport

blv sport
Martin Sklorz
Tischtennis — vom Anfänger zum Könner

Tischtennis hat sich zu einer der beliebtesten Sportarten entwickelt. Dieser Band hilft, durch modernes Training zu Hause oder im Verein die Leistungsfähigkeit zu verbessern. Übungsleitern, Trainern und Sportlehrern dient er als Unterlage für ihre Lehrtätigkeit.
3. Auflage, 119 Seiten, 55 Schwarzweißfotos, 21 Bildserien, 38 Zeichnungen

Sigurd Baumann/ Klaus Zieschang
Handbuch der Sportpraxis

Der Sportlehrer von heute muß — in Schule und Verein — viele und unterschiedliche Übungsgebiete betreuen. Dieses Handbuch dient als Lehr- und Nachschlagewerk für die Sportpraxis und vermittelt das wichtigste sportfachliche Wissen.
Teil 1 — Allgemeines: Lernorganische und methodische Grundlegung der wichtigsten Sportbereiche, ausführliche Übungs- und Trainingsangaben unter Berücksichtigung altersbezogener und psychologischer Belastungsfragen.
Teil 2 — Sportfachbereiche: Kondition und Training, Gymnastik, kleine Spiele und Staffeln, Boden- und Geräteturnen, Leichtathletik, Basketball, Fußball, Handball, Volleyball, Schwimmen. Neben der genauen Beschreibung werden die Bewegungstechniken und Übungsformen der verschiedenen Sportarten durch Fotos, Bildserien und Skizzen gezeigt.
240 Seiten, 408 Fotos, 36 Bildserien, 205 Zeichnungen

blv sport
Gerhard Bauer
Fußball perfekt: Vom Anfänger zum Profi

Das moderne Lehrbuch für alle Fußballspieler: Methodisch klar werden Technik und Training des Fußballsports behandelt. Erstmals wird die Fußballtechnik durch Bildserien gezeigt. Ein Buch für Anfänger und aktive Fußballer.
3. Auflage, 143 Seiten, 107 Schwarzweißfotos, 39 Bildserien, 158 Zeichnungen

BLV Verlagsgesellschaft München